Mein Leipzig lob ich mir!
… Es ist ein klein Paris und
bildet seine Leute, …!

Johann Wolfgang von Goethe im Faust

*Der Fotograf **Peter Hirth** lebt in Leipzig, arbeitet aber in aller Welt. Seine Heimatstadt und das Umland zu fotografieren, war für ihn eine besonders attraktive Herausforderung.*

***Daniela Schetar-Köthe** und **Friedrich Köthe** aus München haben in Leipzig familiäre Wurzeln und nach der Wende dort auch gelebt. Es war für sie eindrucksvoll zu erleben, wie schnell sich die Region in wenigen Jahren zu ihrem Vorteil verändert hat.*

Liebe Leserinnen, liebe Leser!

Wussten Sie schon, dass die Trauben von Saale und Unstrut, Deutschlands nördlichstem Weingebiet, mit mehr Sonne und Wärme verwöhnt werden als die der Mosel (vgl. S. 78 ff.)? Was für den Wein gut ist, kann für den Menschen nicht schlecht sein, also lässt sich hoffen, dass Sie bei Ihrem Besuch in und rund um Leipzig, Halle und Magdeburg reichlich Sonne genießen können.

Deutschlands Mitte liegt im Trend

Aber selbst wenn das nicht der Fall ist, wird Ihnen in Deutschland Mitte ganz sicher nicht langweilig. In Leipzig, Halle und Magdeburg wird historisches Erbe liebevoll erhalten, in den Museen sind einzigartige Kunstschätze zu entdecken. Besonders rasant hat sich Leipzig in den letzten zwanzig Jahren entwickelt. Hier erlebt man eine aufregende Mischung aus Alt und Neu, hier gibt es eine bunte Szene und ein sehr anspruchsvolles Kulturangebot. Das hat sich herumgesprochen. Die britische Tageszeitung „The Guardian" kürte die Messestadt im März 2015 gar zu den zehn besten alternativen Städtereisezielen Europas. Und auch statistisch gesehen ist Leipzig auf Erfolgskurs: 2015 kamen rund 1,5 Millionen Besucher, das waren mehr Gäste als jemals zuvor.

Zauberhafte Landschaftsparks und neues Seenland

Abgesehen von den Städten faszinieren mich besonders die einzigartigen Parklandschaften zwischen Dessau und der Lutherstadt Wittenberg, von denen die Wörlitzer Anlagen ohne Frage das Highlight sind. Gleich mehrere Tage hat sich Peter Hirth, der Fotograf dieses DuMont Bildatlas, in der Region aufgehalten – und er hat seine Familie mitgebracht, blumengeschmückt passt seine Tochter ideal ins Bild der Landschaftsidylle (S. 100/101). Doch Gegensätze liegen hier nah beieinander. Nur wenige Kilometer weiter südlich beherrscht(e) der Tagebau das Bild. Die Region ist im Wandel begriffen und schon vielerorts Freizeitrevier, damit beschäftigt sich das DuMont Thema auf S. 48 ff.
Herzlich

Ihre

Birgit Borowski

Birgit Borowski
Programmleiterin DuMont Bildatlas

Impressionen

Leipzig

Halle

Leipziger Umland

UNSERE FAVORITEN

BEST OF …

70 Das Licht der von Weinbergen bestimmten Landschaft an Saale und Unstrut lässt ein Gefühl von Süden aufkommen. Weit weg scheint die Betriebsamkeit der großen Metropolen.

An Saale und Unstrut

Magdeburg

Anhalt und Mansfelder Land

DuMont Aktiv

Topziele

Die bedeutendsten Sehenswürdigkeiten und Erlebnisse, die keinesfalls versäumt werden sollten, haben wir auf dieser Seite zusammengestellt. Auf den Infoseiten sind sie jeweils als TOPZIEL *gekennzeichnet.*

NATUR

1 **Gestaltete Naturoase:** Das Gartenreich Dessau-Wörlitz bringt Landschaft, Architektur und Kunst zu einem wunderbaren Einklang – und ist ideal für Spaziergänge und Radtouren. **Seite 113**

ERLEBEN

2 **Ein guter Platz für Tiere:** Der Leipziger Zoo beschreitet mit Kiwara-Savanne, Pongo- und Gondwanaland neue Wege. **Seite 38**

3 **Blick ins Land:** Burg Gnandstein ist beeindruckend. Allein seine Aussicht ist überragend. **Seite 55**

AKTIV

4 **An der Saale hellem Strande:** Ein reizvoller Spaziergang führt von Bad Kösen saaleaufwärts zu Rudelsburg und Burg Saaleck. Den Rückweg kann eine Saaleschifffahrt versüßen. **Seite 83**

KULTUR

5 **Mädler-Passage & Co.:** Leipzigs Durchhöfe und Passagen vereinen Blicke in die Handelsvergangenheit mit einem Einkaufsbummel. **Seite 37**

6 **Kunstvolles Stadtzentrum:** Unter dem Gewölbe der Marktkirche in Halle erlernte Georg Friedrich Händel einst Orgelspiel und Komposition. **Seite 67**

7 **Heimat der Himmelsscheibe:** Das Landesmuseum für Vorgeschichte in Halle erlaubt faszinierende Blicke auf längst vergangene Zeiten. **Seite 68**

8 **Zu Lob und Preis eines Höheren:** Romanischen Ursprungs sind sie alle drei, der Naumburger, Merseburger und Magdeburger Dom. Und spiegeln Jahrhunderte der Kirchenbaukunst wider. **Seite 84, 85 und 97**

9 **Revolutionäres Geschehen:** In Wittenberg und Eisleben lässt sich auf Luthers Spuren wandeln. **Seite 113 und 115**

10 **Neues Gestalten:** Bis heute ist in Architektur und Wohnkultur der Einfluss des Bauhauses spürbar. **Seite 114**

Leipzigs Mitte

Erst im 16. Jahrhundert wurde der Marktplatz der Stadt an seinen heutigen Standort verlegt. Seit 1556 ziert das Alte Rathaus mit seinen Arkaden den Platz; in den ausgedehnten Räumlichkeiten des schönen Renaissance-Bauwerks sind heute die Ausstellungsstücke des Stadtgeschichtlichen Museums untergebracht. Der Marktplatz bietet einen Mix aus modernen und historischen Gebäuden – eine aufregende Mischung, die für Leipzig typisch ist.

us
Bank
kommen.

Kunst in der Spinnerei

Ausstellungen in der Baumwollspinnerei im Leipziger Stadtteil Plagwitz sind stets Anregung, Pro-
vokation und Rätsel. Die Neue Leipziger Schule,
deren internationale Erfolgsstory die Spinnerei
mit ihren Ateliers und Galerien erst möglich
machte, spielt heute nicht mehr die Vorreiter-
rolle. Birgit Brenners Installation in der Galerie
„Eigen + Art" setzt sich mit dem Thema Armut
und sozialer Abstieg auseinander – ein Thema,
das den Alltag und die Ängste vieler Menschen
hinter den restaurierten Gründerzeitfassaden der
Messestadt Leipzig widerspiegelt.

Blühende Landschaften an Saale und Elbe

Altkanzler Kohl hatte dem Osten „blühende Landschaften" versprochen – ob er damit die Natur meinte? Sie jedenfalls erholte sich erstaunlich schnell, nachdem die umweltbelastenden Betriebe geschlossen waren. In dem intakten Naturraum lässt sich es herrlich wandern, Rad- und Kanufahren – wie hier auf der Saale im Schatten von Halles Burg Giebichenstein.

Fürstentum mit Bildungsauftrag

Mitteldeutschlands einzige erhaltene Rokoko-Anlage Schloss Mosigkau wurde von Prinzessin Anna Wilhelmine zum Stift für unverheiratete Damen bestimmt. Auch die anderen anhaltinischen Fürsten rund um Köthen, Zerbst und Dessau taten sich im 18. Jahrhundert als Philanthropen und Mäzene für Kunst, Wissenschaft und Literatur hervor.

Über allem thront der Dom

....

Der Magdeburger Dom dominiert die Silhouette der Hauptstadt von Sachsen-Anhalt – nicht nur bei diesem wunderschönen Blick über die Elbe. Aber das jahrhundertealte Bauwerk täuscht nicht darüber hinweg, dass Magdeburg eine moderne Stadt mit sehenswerten Museen, riesigen Einkaufszentren, einem von Hundertwasser entworfenen Gebäude und einer zukunftsorientierten, beliebten Universität ist.

Wein im Klimawandel

Das Prädikat, Deutschlands nördlichstes Weinbaugebiet zu sein, beschert den Winzern im
Saale-Unstrut-Tal nicht nur Freude. Wetterkapriolen machen sich hier deutlicher bemerkbar
als beispielsweise am Bodensee. Harte Winter
und regenreiche Sommer setzen den Reben zu.
Die Erträge zeigten in den letzten Jahren starke
Schwankungen.

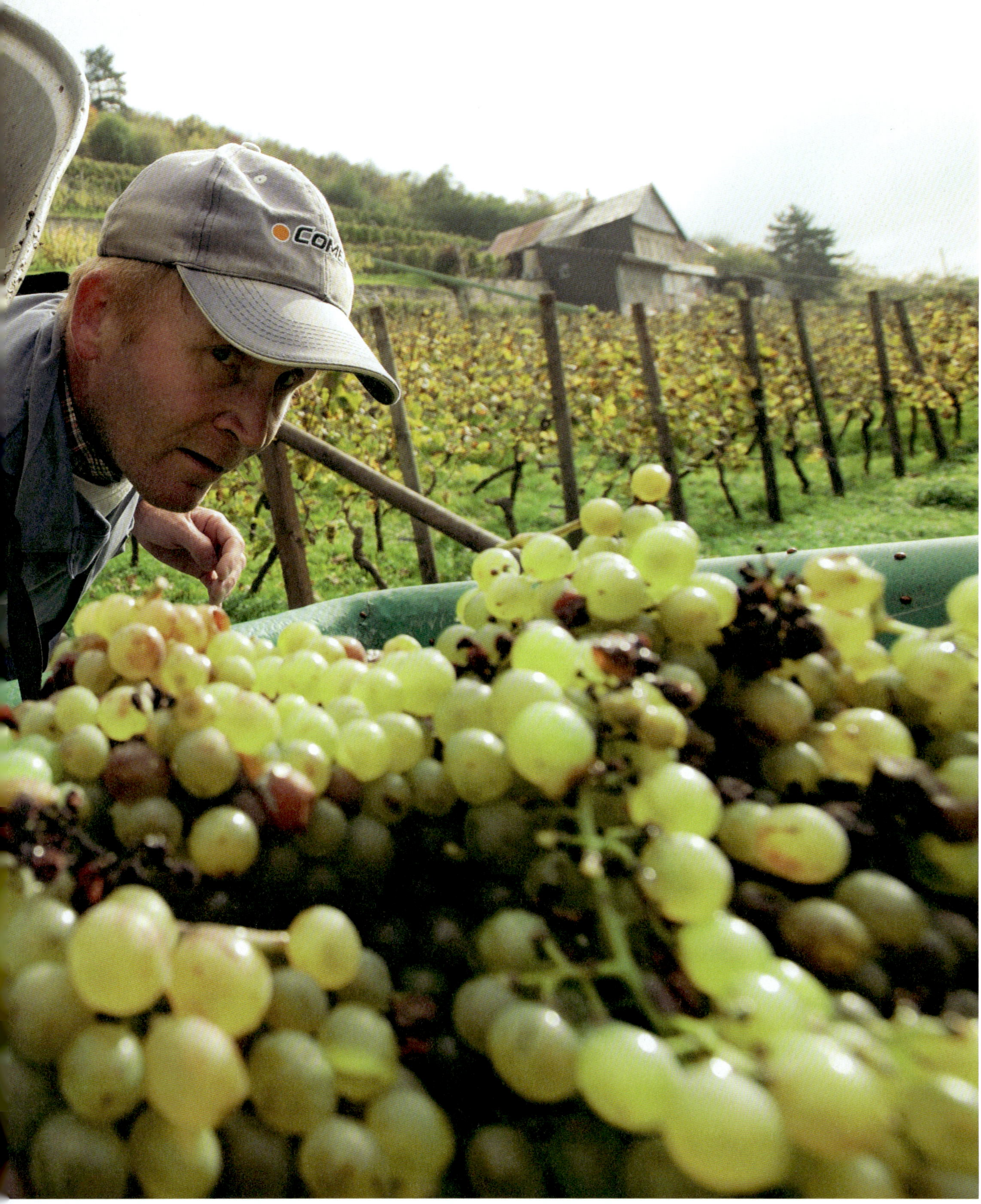
COME

Faszinierende Industriebauten

Industriegeschichte zum Anfassen

Industriebrache – ein böses Wort! Dabei können aufgegebene Gasbehälter, leerstehende Spinnereien oder vor sich hin rostende Eisengießereien ungemein spannend und schick sein, wenn sie mit Fantasie umgewidmet wurden. Lassen Sie sich zu den interessantesten Zeugnissen der Architektur- und Industriegeschichte führen!

1 Panoramen im Gasbehälter

Von den drei Gasometern in Connewitz, die 1909/10 für die Versorgung Leipzigs mit Stadtgas erbaut und 1977 stillgelegt wurden, standen 2003 nur noch die runden Ziegelhüllen von zwei Behältern. Mit 30 m Höhe und einem Durchmesser von 57 m schienen sie zu nichts mehr nütze und reif für die Sprengung. Bis der Fotograf Yadegar Asisi sich daran erinnerte, dass es in Leipzig schon Ende des 19. Jhs. Panoramabilder in einem runden Bau zu sehen gab, und beschloss, diese Tradition in weit monumentalerem Rahmen und mit modernster Computertechnik fortzusetzen. Mit den beiden Gasometern – einer für die Riesenpanoramen, der zweite als Freiluftarena für Konzerte und Filmvorführungen – wurde ein imposantes Zeugnis Leipziger Industriekultur gerettet.

Richard-Lehmann-Str. 114, 04275 Leipzig, Tel. 0341 355 53 40, www.asisi.de, Öffnungszeiten s. S. 38

2 Schlacken und Armaturen

Unverputzte Ziegelwände, senfgelbe Fliesen, Riesenräume, Riesenfenster. Die ehemalige Westwerk-Eisengießerei in Leipzig-Plagwitz so einzurichten, dass sie behaglich wirkt, war nicht einfach. Die Betreiber des Restaurants „Kaiserbad" entschieden sich für ein paar Sofas in Signalfarben als Eyecatcher und ansonsten für schönes Mobiliar aus Holz. In dem warmen Ambiente sieht wohl kaum noch jemand Spuren der VEB „Industriearmaturen und Apparatebau Leipzig", die hier ab 1954 volkseigene Armaturen herstellte, und erst recht nicht der Eisengießerei Dambacher, die bereits ab 1872 produzierte. Dort, wo heute Hipster und Macchiato-Mütter mit Blick über den Karl-Heine-Kanal an ihren Lattes nippen, wurde mal richtig gearbeitet! Dann doch lieber ein „Kaiser zu Wasser"-Frühstück bestellen und das Leben genießen!

€€ Restaurant Kaiserbad, Karl-Heine-Str. 93, 04229 Leipzig, Tel. 0341 39 28 08 94, kaiserbad -leipzig.de

3 Wie aus Baumwolle Kunst wurde

Rund 25 Jahre dauerte es, bis die 1884 als Aktiengesellschaft eingetragene Leipziger Baumwollspinnerei (die heutigen Halle 20) zu Europas größtem Garnwerk herangewachsen war, in dem 1600 Arbeiter jährlich fünf Millionen Kilo Baumwollgarn produzierten. Die Werke besaßen Gleisanschluss, eine eigene Feuerwehr und Gärtchen für die Selbstversorgung. 25 Hektar Land mit maroden Ziegelbauten waren nach der Wende das Erbe des 1989 eingestellten Betriebs, doch schon bald zogen Künstler ein – die Räume waren hoch und hell, die Mieten spektakulär niedrig. Heute ist die Spinnerei einer der Hotspots europäischen Kunstschaffens, und das nicht nur, weil Malerfürst Neo Rauch hier residiert. Knapp 100 Künstler und zwölf Galerien arbeiten und stellen aus; es gibt ein Café und die Pension Meisterzimmer. Nur wo Neo Rauchs Atelier ist, wird nicht verraten.

Spinnerei, Spinnereistraße 7, 04179 Leipzig, Tel. 0341 498 02 00, www.spinnerei. de, Führungen Fr. 11–16, Sa. 10–16 Uhr stündlich

4 Von der Tapete zum Skateboard

Seit 1893 entstanden in dem Fabrikgebäude am Karl-Heine-Kanal Tapeten; zeitweise war die Tapetenfabrik Langhammer sogar die zweitgrößte Deutschlands, und auch in DDR-Zeiten produzierte sie als VEB Schönes für die Wände. Schließlich aber kam 2006 das Aus, doch das dauerte nur ein Jahr. Zwei junge Architekten kauften das Gebäude und fingen an, es nach und nach wiederherzustellen und Kreativen aller Sparten zugänglich zu machen. Grafikdesigner, Architekten, Journalisten sind hier ebenso zuhause wie Goldschmiede, Mode-Designer oder Filmproduktionen. Für das leibliche Wohl sorgen die Kantine 3 mit günstigem Mittagstisch und das Shredderei Café.

Tapetenwerk, Lützner Str. 91, 04177 Leipzig, www. tapetenwerk.de

5 Wohnen wie die Meister

Als 1926 das Atelierhaus in Dessau bezugsfertig war, standen jedem der 28 einziehenden Jungmeistern 24 m² Wohn- und Arbeitsfläche zu. Toiletten und Duschen waren auf dem Gang, und die Frauen bekamen eine eigene „Damenetage" zugewiesen. Es muss sehr anregend gewesen sein, so nahe an den großen Vorbildern Walter Gropius oder Ludwig Mies van der Rohe leben und arbeiten zu können, und das in einem von Walter Gropius persönlich entworfenen Bau. Im heutigen „Bauhaushotel" blieben Stil und Komfort gleich: Etagenduschen und -WCs muss man in Kauf nehmen, Fernseher gibt's keine und auch keinen Föhn. Dafür echte Bauhaus-Atmosphäre.

€€ Ateliergebäude, Gropiusallee 38, 06846 Dessau-Roßlau, Tel. 0340 650 83 18, www.bauhaus-dessau.de

6 Villa am Tagebau

Wer heute in der mit Türmchen und Ziergiebeln geschmückten Neorenaissancevilla eincheckt, hat wahrscheinlich ein paar Tage Auszeit geplant … Das Hotel steht am Ufer des Goitzsche-Sees, dessen Wasserfläche die Wunden verdeckt, die Tagebau und Industrie in die Landschaft südlich von Bitterfeld gefressen haben. Schon als Pappe-Fabrikant Biermann 1896 diese Villa für seinen Sohn errichten ließ, war die Region von Industrie geprägt. Nach der Enteignung zogen zehn Familien ein und sahen den Kohle-Tagebau auf ihr Wohnhaus vorrücken. Die Wende brachte das Aus für Papier und Kohle und im Lauf der Jahre eine blühende Landschaft mit See. Und aus der Villa wurde ein Hotel.

€€€ Hotel Villa am Bernsteinsee, Mühlenboulevard 4, 06749 Bitterfeld-Wolfen, Tel. 03493 92 93 98, www. villa-am-bernsteinsee.com

7 Visionen vom Wohnen

Anlass für den Bau der Gartensiedlung vor den Toren Wittenbergs war der Erste Weltkrieg bzw. der damit verbundene Wegfall eines Düngemittels, des Chilesalpeters. Kalkstickstoff sollte ihn ersetzen, und so wurde in Piesteritz eine Fabrik für 2000 Arbeiter auf die grüne Wiese gestellt. Von 1916 bis 1919 dauerte parallel dazu der Bau der von den Architekten Paul Schmitthenner und Otto Rudolf Salvisberg geplanten, visionären Gartenstadt für die Beschäftigten: 363 Reihenhäuser entstanden neben der Fabrik. 1987 unter Denkmalschutz gestellt und zur Expo 2000 saniert, gilt Piesteritz als größte autofreie Werkssiedlung Deutschlands.

Werkssiedlung Piesteritz, Lutherstadt Wittenberg, www.lutherstadt-wittenberg.de

8 Wo Junkers den Otto-Motor weiterentwickelte

Palmen standen damals sicher nicht vor der 120 m langen Werkhalle, als der Fabrikant Eduard Bendel 1896 in Magdeburg mit der Entwicklung und Herstellung von Gasmotoren begann. Und auch als der Luftfahrtpionier Hugo Junkers mit seiner Junkers Motorenbau einzog und den Otto-Motor darin weiterentwickelte, hatte man wohl wenig Sinn für Ästhetik. Das ist heute anders, denn das „Kongress- und Kulturwerk fichte", das die Produktionsstätten in Magdeburg nach fast zehnjährigem Stillstand ab 2000 renovierte, legt großen Wert auf schicke Gestaltung. In den Hallen finden nun Kongresse und Events statt: Auch die Prinzen sind hier schon aufgetreten, Cro, Tokio Hotel und Bushido.

Kongress-/Kulturwerk fichte, Fichtestr. 29, 39112 Magdeburg, Tel. 0391 62 34 20, kulturwerk-fichte.de

Mit einem Hang zum Musischen

Leipzig ist die Heldenstadt der Montagsdemonstrationen und der Wende, und gehört zu jenen Orten der ehemaligen DDR, die sich am schnellsten und positivsten entwickelt haben. Der Besucher erlebt eine an- und aufregende Mischung aus Alt und Neu, Tradition und Aufbruch, eine lebhafte Atmosphäre und ein anspruchsvolles, vielseitiges Kulturangebot zwischen Thomanerchor, „Pfeffermühle" und „Conne Island".

In der Tradition der Messepaläste der Leipziger Altstadt öffnete 1996 das futuristische Messegelände seine Pforten.

Weit geht der Blick vom über 142 Meter hohen City-Hochhaus. Rund um den Turm der alten Pleißenburg gruppieren sich die historisierenden Bauten des Neuen Rathauses und des Stadthauses.

Nach dem Wandel von der Lagermesse zur Mustermesse entstanden in Leipzigs Altstadt zahlreiche Messepaläste und Passagen. Zu den schönsten gehört die aufwendig restaurierte Mädler-Passage.

Einen Hauch von Orient bringt das Riquet-Haus in die Leipziger Altstadt

Leipzigs Neuzeit repräsentieren das 1981 eröffnete Neue Gewandhaus und das City-Hochhaus, seit seiner Zeit als Universitätsgebäude auch „Weisheitszahn" genannt.

„Leipzig war die große Welt für mich, schon als Kind. Hier herrschte ein ganz anderes Klima als in Aschersleben, wo ich aufgewachsen bin. Die Stadt hatte auch in diesem vorgerückten Verfallsstadium den Charme einer großen alten Dame, die bessere Zeiten erlebt hatte."

Neo Rauch

Junge Menschen auf Drahteseln aller nur vorstellbaren Fabrikate und Erhaltungszustände düsen, strampeln, cruisen über den großen und trotz aller Umbaumaßnahmen wie eh und je steril wirkenden Augustusplatz zwischen Gewandhaus und Oper auf das frisch renovierte Hochhaus zu. Wer dem steten Strom neugierig folgt, wird an der Schillerstraße dahinter auf einen Rad-Parkplatz treffen, der trotz aller ordnenden Bestrebungen einen ziemlich anarchischen Eindruck macht. Das Hinweisschild auf eine Rad-Garage irgendwo in den Tiefen der modernen Uni-Gebäude wird von den Studenten geflissentlich ignoriert.

Zwei Seiten der Medaille

Mehrere Fakultäten der Universität mitten im Zentrum zu haben, ist ein Glücksfall für eine Stadt. Studenten bringen Leben, und das war Leipzigs Innenstadt eine Zeit lang abhandengekommen, als sich mit der Wende die Kaufströme in Einkaufszentren auf der Grünen Wiese vor der Stadt verlagerten und schließlich auch noch die Messe die alten Durchhöfe und Messehäuser innerhalb des „Rings" verließ. Da konnte es einem eng ums Herz werden beim Bummel durch einsame Passagen und vorbei an aus leeren Schaufenstern

starrenden Läden. Aber die wunderbare Architektur der alten Handelshöfe, in denen vom Barock an Barthels Hof über den spielerischen Jugendstil der Mädler-Passage bis hin zum sozialistischen Realismus der Messehofpassage eine Vielzahl von Architekturstilen vertreten ist, lockte bald Investoren unterschiedlichster Couleur. Der Grellste unter ihnen, der Baulöwe Jürgen Schneider, legte im Frühjahr 1994 nach Sanierung der Filetstücke in der Leipziger Innenstadt eine grandiose Pleite hin und riss zahlreiche Handwerksbetriebe mit in den Abgrund.

Dennoch – so wirklich böse ist man ihm nicht, verdankt man ihm doch berühmte und beliebte Attraktionen wie die Mädler-Passage oder das Romanushaus und rund 60 weitere Objekte. Die Instandsetzung der Innenstadt wäre ohne Schneider mit Sicherheit nicht so schnell vorangekommen. Verewigt ist er auf zweierlei Art: als Mephisto in einem „Faust"-Gemälde des Malers Volker Pohlenz in „Auerbachs Keller" und als Thema einer Stadtführung zu seinen Bauten.

Freiheit der Architektur

Seit Schneiders Pleite hat sich eine Menge getan; die Stadtmitte ist wie aus dem Ei gepellt, saniertes Historisches

Die klassizistisch ausgestaltete Nikolaikirche ist das größte Gotteshaus Leipzigs – und aufgrund ihrer Bedeutung während der friedlichen Revolution in der DDR wahrscheinlich auch das bekannteste.

Die Thomaskirche ist die zweite der großen Kirchen Leipzigs und war frühere Wirkungsstätte Bachs.

Seit Bachs Zeiten hat der Thomanerchor internationales Renommee.

Special

Johann Sebastian Bach

Bach meets Leipzig

. . . .

Johann Sebastian Bach (1685–1750) schuf in den 27 Jahren als Kantor der Leipziger Thomaskirche einige seiner berühmtesten Werke.

„...da man nun die Besten nicht bekommen könne, so müsse man Mittlere nehmen", soll der Rat der Stadt Leipzig 1723 resigniert haben, nachdem mehrere Wunschkandidaten für den Posten des Thomaskantors abgesagt hatten und man notgedrungen zur zweiten Wahl, dem Hochfürstlichen Kapellmeister zu Köthen, Johann Sebastian Bach, übergehen musste. Die Verlegenheitslösung sollte sich für Leipzig als großes Glück erweisen, denn der Thomaskantor Bach erfüllte seine umfangreichen Pflichten vollauf und komponierte nebenher über 300 Kantaten und andere Musikwerke wie Johannes- und Matthäus-Passion. Sein Wirken begründete den Ruf des Thomanerchores. Dabei lebte der Komponist mit Frau und Kindern stets unter bescheidenen Verhältnissen, denn der

Der Meister auf dem Thomaskirchhof

Rat der Stadt knauserte und schätzte seinen Musikus nicht besonders. Erst im 19. Jahrhundert wurde Bach in Leipzig „entdeckt". Heute feiert die Stadt ihn Anfang Juni mit einer Festwoche, zu der sich Musiker von Rang und Namen versammeln. Die sinnlichste Annäherung an Bach aber bleiben die Auftritte der Thomaner in ihrer Kirche mit Motetten an Freitagen und Samstagen und beim sonntäglichen Gottesdienst.

und neu erbautes Postmodernes stehen erstaunlich harmonisch nebeneinander, und die immer noch vorhandenen, vereinzelten Ruinen und Brachen dazwischen geben dem Ganzen Authentizität. Aber die Leipziger regen sich nun mal gerne auf, und seit Jahren treibt sie das Thema „Universitätskirche St. Pauli" um. 1968 wurde das im Kern romanische Gotteshaus am Augustusplatz gesprengt, um Platz für Neubauten der Universität zu schaffen.

Seit der Wende wurde über den Wiederaufbau der Kirche gestritten und dies so heftig, dass deswegen 2003 sogar der Rektor der Universität zurücktrat. Wie so häufig standen sich auch hier die Befürworter einer modernen kreativen Lösung und diejenigen, die einen originalgetreuen Aufbau forderten, gegenüber. Realisiert wurde schließlich der vom niederländischen Architekten Erick van Egeraat vorgelegte Entwurf eines zeitgemäßen Universitätsbaus, dessen Kern das „Paulinum" mit Aula und Kirche bildet. Deren mit Rosette und Spitzbogen verziertes Portal aus Kalkstein durchbricht die bläulich schimmernden Glasflächen der Ostfassade wie ein Gruß aus der Vergangenheit. Nach vielen Verzögerungen ist die feierliche Einweihung nun für das Jahr 2017 geplant.

Bürgerstiftungen bildeten den Grundstock des kriegszerstörten Museums
der Bildenden Künste. Erst 2004 erhielt die Sammlung ein neues Domizil.

Die Deutsche Bücherei in Leipzig ist einer der beiden Standorte
der Deutschen Nationalbibliothek – hier der Große Lesesaal.

Wir sind das Volk

Nur wenige Schritte entfernt steht jenes Gotteshaus, das die politische Wende in der DDR angestoßen hat. Die klassizistische Ausstattung in Lindgrün und Weiß gibt der Nikolaikirche eine lichte, fast fröhliche Stimmung. Ihre Säulen laufen in Palmwedeln aus, als befände man sich nicht am Leipziger Nikolaikirchhof, sondern irgendwo im Morgenland. Seit 1982 hielten die Pfarrer der Nikolaikirche jeden Montag Friedensgebete ab – 1989 wuchsen sich die Gebete zu Demonstrationen aus. Am 9. Oktober standen am Augustusplatz 70 000 „Wir sind das Volk" rufende Menschen der Staatsmacht gegenüber, deren Schergen sich überraschend und nach massiver Gewaltandrohung vor der friedlich ausharrenden und diskutierenden Menge zurückzogen. Der politische Wandel war eingeleitet.

Der Verleger Bartholf Senff 1842 über Leipzigs sommerliches Musikvergnügen: „Überall Concert, und überall Publicum."

"Amazonien" war nur eines der bisherigen Themen der Panoramen im Panometer – auch andere Präsentationen wie „Leipzig 1813", „Great Barrier Reef" und „TITANIC" waren erfolgreich.

Durchhöfe und Passagen

Beim Bummel durch die Innenstadt, vorbei am Naschmarkt mit der barocken Alten Börse, am Alten Rathaus aus der Renaissance, durchs kneipengesäumte Barfußgässchen, die idyllische Kleine Fleischergasse oder durch die Shopping-Meilen Neumarkt und Petersstraße kann der Besucher nach Lust und Laune Haken schlagen, abkürzen oder Umwege gehen – durch die Passagen und Durchhöfe. Wo früher Ochsenwagen der Kaufleute entladen wurden und danach die Mustermessen stattfanden, reihen sich heute Cafés, Boutiquen und Filialisten. Das Passagensystem ist Leipzigs Besonderheit, ideal bei schlechtem Wetter,

Die Galerie für Zeitgenössische Kunst in der Karl-Tauchnitz-Straße bietet Raum für zeitgenössische Ausstellungen und ist ein Museum für Kunst nach 1945.

Der Eingangsbereich des Leipziger Messegeländes zitiert mit seinem Wasserbecken
architektonisch die Gestaltung des Völkerschlachtdenkmals

„Leipzig liest" ist Europas größtes Lesefest.
Die rot-weißen Rolltreppen sind eines der
Kunstobjekte auf dem Messegelände.

Architektonisches Aushängeschild der Leipziger Messe ist die gewölbte Eingangshalle, die im Jahr 2000
mit dem internationalen Architekturpreis Outstanding Structure Award ausgezeichnet wurde.

Die Leipziger Messe versucht eine 800-jährige Tradition zu wahren.

„Schrebers Restaurant und Biergarten" samt Kleingärtnermuseum an der Aachener Straße

Der einem urzeitlichen Dschungel nachempfundene Regenwald in der Riesentropenhalle Gondwanaland ist eines der Highlights im Zoologischen Garten am Rosental.

Einst ein Sommerpalais, dient das Mitte des 18. Jahrhunderts unweit des heutigen Zoos errichtete Gohliser Schlösschen als Veranstaltungsort, Café und Restaurant.

Panoramablick von der Kiwara-Lodge auf eine nachempfundene
afrikanische Savannenlandschaft mit Giraffen und Zebras.

Der Leipziger Zoo
entstand 1878 durch
Zusammenarbeit
eines Leipziger
Gastwirts mit dem
Hamburger Tierhändler
Carl Hagenbeck.

denn dank der Passagen kann man die Innenstadt fast trockenen Fußes durchque-
ren. Entstanden sind sie Anfang des 20.
Jahrhunderts, als man die engen, dunklen Durchhöfe der alten Kaufmannshäu-
ser in lichte, großzügige Atrien umbaute.
Damals wechselte die Handelsmetropole
Leipzig von der Waren- zur Mustermesse
und erfand damit das moderne Messewe-
sen. Geschickt wurden Besucher trepp-
auf, treppab, durch Ausstellungsräume
und Höfe gelenkt, bis sie das ganze Mus-
terangebot gesehen und hoffentlich auch
geordert hatten.

Afrika im Rosental

Eine überraschende Entwicklung hat
der Leipziger Zoo genommen: Die bereits 1878 eröffnete Institution mit ihren
historischen Tierhäusern und weltweit
beachteten Erfolgen in der Raubtier-
zucht wirkte am Ende der DDR-Ära
ähnlich heruntergewirtschaftet wie die
Messehäuser. Heute zählt er zu den mo-
dernsten und faszinierendsten Anlagen
in Deutschland. Dank eines geschick-
ten Managementplans und unterstützt
durch Kooperationen, beispielsweise mit
dem Max-Planck-Institut für Verhaltens-
forschung, entstanden Areale wie die
Kiwara-Savanne oder Gondwanaland. In
ihnen fühlen sich Besucher wie bei der
Wildbeobachtung in Afrika oder im süd-

amerikanischen Dschungel, eine Boots-
fahrt unter Lianen inklusive. Und Zoodi-
rektor Dr. Junhold hat noch Großes vor!

Leipzig alternativ

Das Kontrastprogramm zum schicken,
aufpolierten Leipzig ist im südlichen
Stadtteil Connewitz gerade noch zu besichtigen, denn auch hier schreitet jener
Prozess voran, den man Gentrifizierung
nennt: In Schmuddelvierteln machen
sich renovierte Oasen mit hohem Wohn-
wert breit und stellen das soziale Umfeld
auf den Kopf. Connewitz gestaltete sich
nach der Wende als eine Art gallisches
Dorf im von westlichen Heilsverspre-
chen beschwingten Leipzig. Dort trotz-
ten die Alternativen dem Konsumrausch
und besetzten Häuser. Dem ersten Haus,
das im Viertel renoviert wurde, warfen
die Autonomen so lange die Scheiben
ein, bis die Versicherungen sich weiger-
ten, weiter für die Schäden aufzukom-
men. Sanierung und Neubau wurden
dadurch aber nicht aufgehalten. Heute
ist Connewitz ähnlich wie die liebevoll
„Karli" genannte Karl-Liebknecht-Straße
in der Südvorstadt ein Synonym für
Kneipen- und Nachtleben mit Kult-Ins-
titutionen wie dem Jugendclub „Conne
Island" und dem „Werk II". Und die
heimeligen Nischen für die Gegenkultur
werden auch hier immer kleiner.

Die besten Gourmetrestaurants

Die hohe Kunst der feinen Küche

Die Unterschiede zwischen der kulinarischen Sozialisation im Osten und im Westen der Republik führten zu recht unterschiedlichen Vorstellungen darüber, was denn nun Gourmetküche sei. Daher dauerte es lang, bis sich die ersten mit Hauben, Sternen oder Kochlöffeln dekorierten Küchenchefs in den neuen Bundesländern etablieren konnten. Nun aber sind sie da!

③ Hinter den sieben Bergen …

Ungewöhnliche Intensität, eine besondere Vielfalt an Aromen und ein hohes Maß an Kreativität bescheinigt der Gault Millau Jahr für Jahr dem Zerbster Restaurant Vogelherd bzw. dessen umtriebiger Chefin Gabriele Erdmann. Schon 1992 wurde der Gault Millau auf sie aufmerksam; heute „trägt" sie zwei Hauben. Ihr wichtigstes Plus ist die Regionalität der Produkte – Wild aus den umliegenden Wäldern, Lamm vom Bauern, Kräuter aus dem Garten. Und natürlich die ungekünstelte Kreativität. Wir können die Bärlauchsuppe mit Wachtelei und dann die geschmorten Kalbsbäckchen nur empfehlen.

Parkrestaurant Vogelherd, Lindauer Str. 78 39261 Zerbst, Tel. 03923 78 04 44

② Kulinarische Drogen

Seit den 1930er-Jahren bis zur Wende wurden in dem Gründerzeithäuschen in Leipzig-Gohlis tatsächlich Drogerieartikel verkauft. 2012 wurden Seife und Waschpulver gegen karamellisierten Ziegenkäse und arktisches Saiblingsfilet ausgetauscht – sinnbildlich zumindest, denn der kleine, gerade mal 40 Gäste fassende Raum im Erdgeschoss diente auch schon davor einige Jahre als Restaurant. Doch mit der Neugründung zog französisches Flair ein, ein Hauch Bohème und Lässigkeit, der so gut zu Leipzig passt, und eine erfrischende Kreativität in Küchendingen. Noch haben die Restauranttester ein Auge auf die „Drogerie" und haben ihr schon mal einen Bib-Gourmand, den Preis für ein sehr gutes Preis-/Leistungsverhältnis, verliehen, aber es wird wohl nicht mehr lange dauern, bis auch hier Hauben und Sterne fällig sind. Bis dahin genießen wir die Drogerie „noch" als Geheimtipp.

Drogerie, Schillerweg 36, 04155 Leipzig, Tel. 0341 22 28 64 66, www.drogerie-leipzig.net

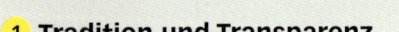

① Tradition und Transparenz

Der Stadtpfeiffer, das Restaurant im Leipziger Gewandhaus, galt schon zu DDR-Zeiten als Leipzigs beste Adresse. Als wir kurz nach der Wende von München nach Leipzig zogen, wurde das Lokal mit dem perfekten Service und raffinierter Küche schnell unser Favorit. Den Amtsantritt von Petra und Detlef Schlegel 2001 haben wir verpasst – da waren wir schon weitergezogen. Doch jedes Mal, wenn wir in Leipzig sind, ist ein Besuch im Stadtpfeiffer Pflicht. Denn das kulinarisch in der DDR ausgebildete Paar hat nach der Wende an vielen internationalen Töpfen geschnuppert und bringt nun die besten Seiten beider Welten zum Vorschein. Nicht umsonst loben Gault Millau wie Michelin mit drei Hauben und einem Stern.

Stadtpfeiffer, Augustusplatz 8, 04109 Leipzig, Tel. 0341 217 89 20, www.stadtpfeiffer.de

5 Überregional Regionales

Dem Namen nach würde man den Landgasthof Bauernstub'n irgendwo im Oberbayerischen verorten. Tatsächlich aber befindet er sich „in der Börde", der Agrarlandschaft nordwestlich Magdeburgs. Die Tester des Gault Millau haben diese verborgene Gourmet-Oase nun auch entdeckt, aber die Magdeburger schätzen ihren Christopher Franz und seine Küche schon länger. Zum Thema regional: Das Lamm kommt aus Mecklenburg, die Forelle vom Tegernsee und der Karpfen aus der Müritz. Wild natürlich aus der heimischen Jagd, der Käse aus dem Tölzer Land und das Rind ist Pommersches Fleckvieh – von allem das Beste könnte das Motto hier also lauten.

Landgasthof Bauernstub'n, Mittagstraße 1, 39326 Dahlenwarsleben, Tel. 0160 94 15 44 21, www.landgasthof-bauernstuben.de

4 Understatement mit Charme

Ein Spitzenrestaurant, dessen Devise „bodenständige Küche" lautet? Sebastian Hadrys realisiert diesen Spagat in seinem hübsch gelegenen „Landhaus" und setzt der von vielen Gästen erwarteten Bodenständigkeit kreative Akzente auf. Er versteht sich nicht als Künstler, sondern als Handwerker, wobei man bei einem Blick in die Karte doch sehr viel künstlerischen Ausdruck zu erkennen meint. Oder fällt ein „Gebratenes Steinbuttfilet auf bunten Ravioli mit Kräutern aus unserem Garten" unter Hausmannskost? Hadrys ist Mitglied der Jeunes Restaurateurs und so der regionalen, von saisonalen Akzenten geprägten deutschen und französischen Küche verpflichtet. Die Preise sind, gemessen an der Qualität, sensationell niedrig. Und wenn es geschmeckt hat (was es ohnehin auf jeden Fall tut), kann der Gast beim Kochkurs lernen, wie solch feine Gerichte entstehen.

Landhaus Hadrys, An der Halberstädter Chaussee 1, 39116 Magdeburg, Tel. 0391 662 66 80, www.landhaus-hadrys.de

6 Tradition mit Pfiff

Bis Mitte des 18. Jhs. reicht die Geschichte des Pächterhauses in Dessau zurück – es zählt zu den wenigen historischen Bauten, die die Bombardements des Zweiten Weltkriegs in der Rüstungsstadt überstanden haben. Doch Alter alleine sagt noch nichts über Qualität, für die im Restaurant Pächterhaus Katrin Mädel und Markus Broschinski stehen. Er setzt beispielsweise Karree vom thüringischen Duroc-Schwein auf die Karte – ein klares Bekenntnis zur Regionalität – zögert aber auch nicht, beliebte Gerichte wie Kalbsschnitzel anzubieten. Der Gault Millau begleitet dieses kreative Bemühen seit Jahren mit einer Haube. Katrin Mädel übrigens beschreibt ihr Konzepts so: „Besonderes entdecken, aber die Hausmannskost nicht vergessen." Das scheint ein gemeinsames Credo der feinen Küche im Osten Deutschlands zu sein.

Pächterhaus, Kirchstr. 1, 06846 Dessau, Tel. 0340 650 14 47, www.paechterhaus-dessau.de

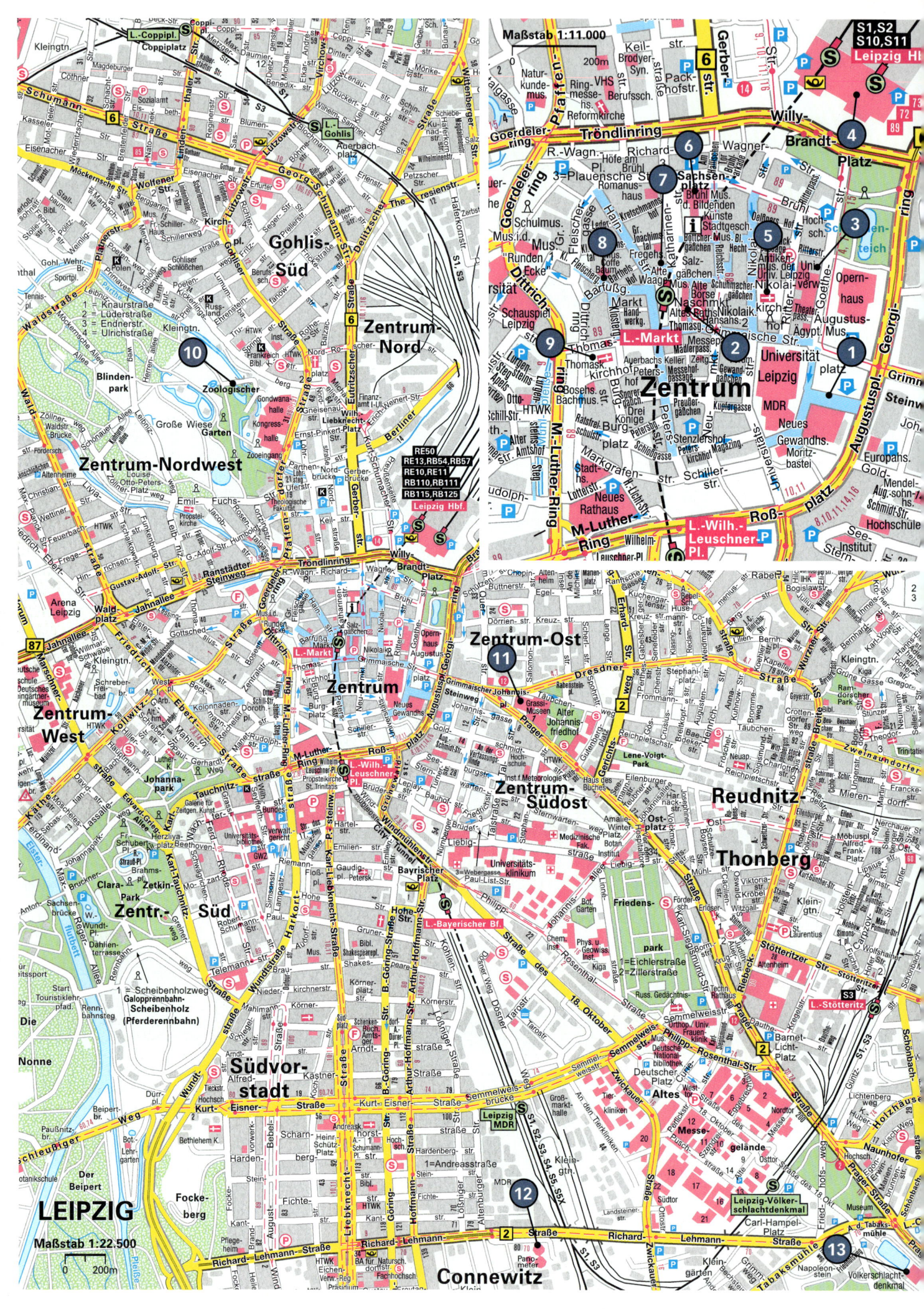

„Mein Leipzig lob ich mir!..."

„...Es ist ein klein Paris und bildet seine Leute", lässt Goethe einen seiner Protagonisten im „Faust" sagen. Leipzig (560 000 Einw.) liegt im Süden der Leipziger Tieflandsbucht und besitzt neben einer der ältesten Universitäten Deutschlands und dem Ruf als Handels- und Messestadt eine reiche musikalische und literarische Tradition.

● Geschichte

Die urspr. slawische Siedlung am Kreuzungspunkt wichtiger Nord-Süd- und Ost-West-Verkehrswege bekam 1165 Stadt- und 1268 Handelsrechte. Von da an hielt die Stadt zwei große Messen ab, den Ostermarkt im Frühjahr und den Michaelimarkt im Sept. 1409 erfolgte die Gründung der Universität, zu Beginn des 16. Jhs. die Erhebung der Märkte zu „Reichsmessen", die Leipzig im Umkreis von 110 km alleiniges Stapel- und Marktrecht gewährten. Die damals errichteten Handelshäuser mit Durchhöfen prägen das Stadtbild bis heute. 1519 fand auf der heute nicht mehr existenten Pleißeburg der Disput zwischen Martin Luther, Andreas Karlstadt und dem gegenreformatorisch gesinnten Johannes Eck statt. Unter dem Dreißigjährigen Krieg 1618–1648 hatte Leipzig schwer zu leiden. Doch zu Beginn des 18. Jhs. war es nach Amsterdam und Hamburg die drittwichtigste Handelsmetropole Europas. Den Höhenflug beendete 1806 die Besetzung durch Napoleon und die 1813 vor der Stadt ausgetragene „Völkerschlacht". Zeugen der Industrialisierung im 19. Jh. sind die von großen Fabriken geprägten Viertel Reudnitz und Plagwitz. Nach dem Zweiten Weltkrieg wurde Leipzig Buch- und Messestadt der DDR. Die Friedensgebete in der Nikolaikirche leiteten 1989 die Wende und die deutsche Wiedervereinigung ein.

INFORMATION
Leipzig Tourismus und Marketing, Katharinenstr. 8, 04109 Leipzig, Tel. 0341 710 42 60, www.leipzig.travel und www.leipzig.de

● Sehenswert

AUGUSTUSPLATZ
Der größte Stadtplatz Deutschlands ➊ wird nach Süden begrenzt vom 1981 nach einem Entwurf von Sighard Gille errichteten **Gewandhaus,** Leipzigs berühmtem Konzertsaal. Ihm gegenüber bildet die 1960 eröffnete **Oper** den Abschluss des Platzes nach Norden. Der markante, 142 m hohe **Panorama Tower** in Form eines aufgeschlagenen Buches gehörte bis zur Sanierung 1999 zur Universität (heute Büros; Aussichtsplattform 9.00–22.30 Uhr). Sie residiert nun in den nach Süden und Norden anschließenden Neubauten, darunter dem Paulinum mit Aula und den angedeuteten Umrissen der 1968 gesprengten Paulinerkirche (Fertigstellung 2017). Jenseits der Grimmaischen Straße erhebt sich das 1927/1928 erbaute Kroch-Haus (Ägyptisches Museum).

NIKOLAIKIRCHHOF
Die Fundamente der **Nikolaikirche** ➎ wurden im 12. Jh. gelegt. Als Ort der Montagsgebete ist das Gotteshaus zugleich bedeutendes Denkmal der sanften Revolution, an die eine davor aufgestellte Kopie der kannelierten Kirchensäulen mit Palmgrün erinnert. Die **Nikolaischule** – eine Gründung des 15. Jhs., Gottfried Seume und Richard Wagner gehörten zu ihren berühmten Schülern – beherbergt heute u. a. ein angenehmes Café.

NASCHMARKT
Das 1908–1911 erbaute Messehaus Specks Hof verbindet mit seinen sich kreuzenden Durchgängen Nikolaikirchhof und Naschmarkt. Der

Eingang zu Steibs Hof in der Nikolaistraße

rechte Durchgang mündet im Schuhmachergässchen vor dem **Riquet-Haus.** Ab dem 18. Jh. importierte Riquet Spezereien aus Orient und Ostasien; 1907 wurde für das Unternehmen der Jugendstilbau mit den Elefantenköpfen errichtet (heute Kaffeehaus). Der ganze Stolz der Leipziger Kaufmannschaft manifestierte sich nach dem Dreißigjährigen Krieg im Barockbau der **Alten Börse** (1687) am **Naschmarkt** ➋, wo man sich traf, Geld verlieh und diskutierte. Das Denkmal davor ehrt Goethe, der 1765–1768 in Leipzig studierte und im Alchimisten Johannes Faustus, der 1525 dem Denkmal gegenüber in der **Mädler-Passage** TOPZIEL (1912–1914) auf einem Fass aus „Auerbachs Keller" geritten sei, das Vorbild für seinen Faust gefunden haben soll. Die Passage gilt als eine der repräsentativsten von Leipzig.

MARKT
Erst im 16. Jh. zog der Leipziger Markt an den heutigen Standort; zu dieser Zeit wurde auch

---

Tipp

Für Kaffeesachsen

Eines der ältesten durchgängig betriebenen Kaffeehäuser ist der „Coffe Baum" in der Kleinen Fleischergasse; seit dem 16. Jh. wird hier Kaffee ausgeschenkt, heute wahlweise im arabischen, französischen oder Wiener Café. Tradition zählt auch bei „Riquet" (Schuhmachergässchen 1), wo nostalgische Einrichtung für einen stilvollen Rahmen sorgt. Ein Kontrastprogramm bietet das Café an der Galerie für Zeitgenössische Kunst (Karl-Tauchnitz-Straße 9): Das gestalten Künstler alle zwei Jahre neu – der Kaffee ist aber beständig gut!

das lang gestreckte Renaissance-**Rathaus** ❼ mit dem Mittelturm und der dekorativen Sonnenuhr errichtet. Eine Ausstellung in den Rathausräumen, darunter dem Festsaal, widmet sich der Stadtgeschichte. Moderne und historische Bauten wie **Marktgalerie** (2005), **Königshaus** (16. bis 18. Jh.) und **Alte Waage** (16. Jh.) säumen den Platz, unter dem sich heute eine S-Bahn-Station befindet. Die in den umliegenden Arkaden residierenden Läden zeigen teilweise noch die Originalgewölbe.

THOMASKIRCHHOF

Die als Marktkirche Mitte des 12. Jhs. erbaute **Thomaskirche** ❾ verdankt ihre Bekanntheit Johann Sebastian Bach, der 27 Jahre lang ihr Kantor war (s. S. 27). Die spätgotische Hallenkirche mit barockem Turm besticht durch einen großzügigen Innenraum mit rot abgesetzten Gewölberippen vor weißem Grund und bunten, floralen Malereien. Eine Grabplatte erinnert an den Komponisten, der im Jahr 1950 in die Kirche umgebettet wurde. Das bronzene Bach-Denkmal davor blickt auf das ehem. Wohnhaus (16. und 18. Jh.) der mit Bach befreundeten Familie Bose (heute Bach-Museum).

In der Krypta des Völkerschlachtdenkmals. Der Elefantentempel Ganesha Mandir im Leipziger Zoo

PANOMETER LEIPZIG

Seit 2003 „bespielt" der Berliner Künstler Yadegar Asisi einen ehem. Gasspeicher ⑫ (1909/1910) mit einzigartigen Panorama-Ansichten. Angefangen hat er mit dem Mount Everest, darauf folgten faszinierende Themen wie Amazonas, Völkerschlacht, Great Barrier Reef und Wrack der Titanic. Dank einer neuen Technik ist es möglich, vergangene Ausstellungen noch einmal in kürzeren Zeiträumen zu zeigen – die Chance, z.B. die „Völkerschlacht" noch einmal zu sehen, sollte man sich auf keinen Fall entgehen lassen (Richard-

1813 tobte vor den Toren Leipzigs eine der mörderischsten Schlachten der Menschheitsgeschichte – zurück blieben 130 000 Gefallene.

HAUPTBAHNHOF

Im nordw. Teil der Innenstadt bildet das Gewirr von Gassen und Passagen rund um das **Barfußgässchen** ❽ eine von Leipzigs Kneipenmeilen. Weiter nach Nordosten passiert man den postmodernen Bau des **Museums der Bildenden Künste** ❻ und steht danach dem einst größten Kopfbahnhof Europas gegenüber. Der 1915 eröffnete **Hauptbahnhof** ❹ diente der Sächsischen und der Preußischen Eisenbahn gleichermaßen, deshalb ist jede Einrichtung doppelt vorhanden. Mit dem Bau des City-Tunnels wurde der Bahnhof modernisiert und per S-Bahn mit dem Bayerischen Bahnhof verbunden.

ZOO LEIPZIG

Der **Leipziger Zoo** TOPZIEL ❿ beschreitet mit Einrichtungen wie der Kiwara-Savanne, Pongo- und Gondwanaland neue Wege artgerechter Tierhaltung. Gondwanaland versetzt in die Welt vor dem Auseinanderbrechen der Kontinente: Komodo-Warane, Totenkopfäffchen und viele weitere Tiere teilen sich die 16 000 m² große Halle mit konstant 26 °C und 65 % Luftfeuchtigkeit mit 17 000 exotischen Pflanzen und Bäumen. In der übernetzten Anlage Himalaya finden Schneeleoparden und Rote Pandas 2017 eine neue Heimat (Pfaffendorfer Straße 29, Tel. 0341 593 33 85, www.zoo-leipzig.de; Mai–Sept. tgl. 9.00–19.00, April und Okt. tgl. 9.00–18.00 Uhr, sonst kürzer).

Lehmann-Straße 114, Tel. 0341 355 53 40, www.asisi.de; Di.–Fr. 10.00–17.00, Sa. und So. 10.00 bis 18.00 Uhr).

VÖLKERSCHLACHTDENKMAL

Vom 16. bis 19. Okt. 1813 tobte vor den Toren Leipzigs eine der mörderischsten Schlachten der Menschheitsgeschichte, bei der 190 000 Franzosen, Polen und Sachsen auf der einen und 295 000 Preußen, Österreicher, Schweden und Russen auf der anderen Seite kämpften. Schließlich ordnete Napoleon den Rückzug an – zurück blieben 130 000 Gefallene. 100 Jahre später wurde im Beisein Kaiser Wilhelms II. das 91 m hohe **Völkerschlachtdenkmal** ⑬ eingeweiht. Im Inneren erinnert die Krypta an die Gefallenen; in der Ruhmeshalle darüber werden die Helden der Befreiungskriege geehrt, Reiterreliefs schmücken die Kuppelhalle. Die Aussichtsplattform in 90 m Höhe erreicht man teils über Treppen, teils mit dem Lift (Straße des 18. Oktober 100, Tel. 0341 241 68 70, www.stadtgeschichtliches-museum-leipzig.de; April–Okt. tgl. 10.00–18.00, sonst tgl. 10.00 bis 16.00 Uhr. Wegen Restaurierung sind evtl. nicht alle Bereiche zugänglich).

● Museen

Mehr als 50 Museen und Sammlungen bietet Leipzig seinen Besuchern. Die wichtigsten:

Alte und Neue Meister repräsentieren in dem modernen Bau des **Museums der Bildenden Künste** ❻ (2004) die Kunst vom 17. bis zum angehenden 21. Jh. Schwerpunkt der Sammlung sind DDR-Künstler und hier die „Alte" und die „Neue" Leipziger Schule – von Roger van der Weyden bis Neo Rauch (Katharinenstraße 10, Tel. 0341 21 69 90, www.mdbk.de; Di. und Do.–So. 10.00–18.00, Mi. 12.00–20.00 Uhr).

Das **Grassi-Museum** ⑪ wartet mit gleich drei Sammlungen auf: Zu einer Reise durch nicht-europäische Kulturen lädt das **Völkerkundemuseum** mit Jurte, Tipi und Tuvalu-Haus ein. Im **Museum für Angewandte Kunst** wandelt der Besucher – von der Antike bis zum Historismus, vom Jugendstil bis zur Gegenwart – vorbei an Möbeln, Porzellan, Schmuck und Kleidung. Und Deutschlands größte **Sammlung von Musikinstrumenten** zeigt Klangkörper aus 500 Jahren (Johannisplatz 5–11, Tel. 0341 222 91 00, www.grassimuseum.de; Di.–So. 10.00–18.00 Uhr).

Die kleine, aber feine Sammlung des **Ägyptischen Museums** ❸ der Universität wird in den ehem. Büros des Kroch-Hauses gezeigt: Holzgetäfelte Räume, historische Vitrinen und akademische Präsentation versetzen den Besucher in Zeiten, als Museen nicht der Unterhaltung, sondern der Wissensvermittlung dienten (Goethestraße 2, Tel. 0341 973 70 15, www.gko.uni-leipzig.de; Di.–Fr. 13.00–17.00, Sa./So. 10.00–17.00 Uhr).

Kernstück des **Bach-Museums** ❾ ist die „Schatzkammer" mit Originalpartituren und Schriften; ein virtuelles barockes Orchester lässt auf Knopfdruck Originalinstrumente erklingen. Als einziger erhaltener Spieltisch aus Bachs Zeit wird die Bachorgel aus der Johanniskirche präsentiert (Thomaskirchhof 15, Tel. 0341 913 72 02, www.bachmuseumleipzig.de; Di.–So. 10.00–18.00 Uhr).

● Hotels & Restaurants

HOTELS

Weit mehr als 150 Unterkünfte stehen in Leipzig für Gäste bereit. Hier eine kleine Auswahl: Direkt an der Nikolaikirche finden Gäste im €€€ / €€ **Motel One** den für die Hotelkette üblichen Komfort – praktisch und gut (Nikolaistraße 23, 04109 Leipzig, Tel. 0341 337 43 70, www.motel-one.com).

Leipziger Notenspur

Nicht nur Bach: Richard Wagner und Clara Wieck wurden hier geboren, Robert Schumann, Claras späterer Mann, lebte in der Stadt, Felix Mendelssohn-Bartholdy wirkte am Gewandhaus. Der Stadtrundgang „Leipziger Notenspur" führt zu musikgeschichtlich bedeutenden Punkten der Innenstadt.

WEITERE INFORMATIONEN
www.notenspur-leipzig.de

Das zentral gelegene € € **SchlafGut** bietet Unterkunft in komfortablen, modern eingerichteten Zimmern und Apartments (Nürnberger Straße 1, 04103 Leipzig, Tel. 0341 211 09 00, www.schlaf gut-leipzig.de).

RESTAURANTS
Auch an gastlichen Stätten herrscht in Leipzig kein Mangel. Eine kleine Auswahl:
Leipzig von hoch oben ist der Aperitif im kühl und kubisch gestylten € € € **Panorama-Tower,** wo jeder Tisch einen Panorama-Fensterplatz besetzt. Das Essen ist modern-international (Augustusplatz 9, Tel. 0341 710 05 90, www.panorama-leipzig.de).
Die historischen Gewölbe des € € € **Ratskellers** im neuen Rathaus laden zu einer kulinarischen Reise durch Sachsen ein (Lotterstraße 1, Tel. 0341 123 45 67, www.ratskeller-leipzig.de).
Gutbürgerliche Küche im schönen Gohlis: Im € € **Schaarschmidts** findet man noch sächsische Raritäten wie Quarkkeulchen auf der Speisekarte (Coppistraße 32, Tel. 0341 912 05 17, www.schaarschmidts.de).
Veganes Essen in Bio-Qualität serviert das € € **Symbiose** (Karl-Liebknecht-Str. 112, Tel. 0176 99 07 25 24, www.symbiose-leipzig.de).

● Unterhaltung

MUSIK & THEATER
Für sein Orchester und seine Akustik wird das **Gewandhaus** (Augustusplatz 8, Tel. 0341 127 02 80, www.gewandhausorchester.de) gerühmt. Musiktheater bringt die **Oper** (Augustusplatz 12, Tel. 0341/126 12 61, www.oper-leipzig.de) auf die Bühne. Das **Schauspiel Leipzig** (Bosestraße 1, Tel. 0341 126 81 68, www.schauspiel-leipzig.de) ist Leipzigs Theaterbühne. Bekannt ist Leipzig für seine Kabarettszene, aus der die **academixer** (Kupfergasse 2, Tel. 0341 21 78 78 78, www.academixer.com), die **Pfeffermühle** (Katharinenstr. 17, Tel. 0341 960 31 96, www.kabarett-leipziger-pfeffer muehle. de) und **Sanftwut** (Mädler-Passage, Grimmaische Straße 2, Tel. 0341 961 23 46, www.sanftwut.de) herausragen.

Auf Wasserwegen durch Leipzig

Vom Wasser aus gewinnen Parks, Gründerzeithäuser und historische Industriekomplexe ein ganz eigenes Gesicht. Mit dem Kanu entdeckt man in Leipzig die stillen, idyllischen Seiten der Stadt. Und auch an diesen Wegen sorgen Cafés und Restaurants fürs leibliche Wohl.

Ein bisschen Paddelerfahrung wäre nicht schlecht, doch der Stadtkurs Leipzig ist auch für Anfänger geeignet. Also auf zum Anlegesteg Rennbahn, wo Kanus zu leihen sind. Gegen die Fließrichtung paddelnd, hält man sich kurz darauf, wenn Pleiße und Elster auseinanderfließen, rechts und folgt dem Elsterflutbett durch Grün flussaufwärts. 2,2 km weiter heißt es Vorsicht: Das Teilungswehr Großzschocher muss umtragen werden – am besten rechts oberhalb der Trainingsstrecke des Leipziger Kanuclubs. Dann geht es auf der Weißen Elster flussabwärts weiter. Nach Unterfahrung der Schleußiger Brücke sind Sie in Plagwitz und umgeben von sanierten Backsteinbauten ehemaliger Industriebetriebe. An der Karlbrücke die Einmündung des Karl-Heine-Kanals links ignorieren; an der Könneritzbrücke könnte man anlegen und im „Da Vito" eine Pause einlegen. Schließlich kommt das Palmengartenwehr in Sicht: Hier wieder aufpassen und das Wehr großräumig rechts umfahren. Weiter geht es nun nach rechts zurück ins Elsterflutbett und flussaufwärts bis zum Ausgangspunkt Rennbahnsteig.

Weitere Informationen

Länge: 9 km bzw. 2 Std.
Informationen: Flyer „Wasserwandern im Leipziger Neuseenland / Wasserstadt Leipzig" bei der Tourist-Information oder zum Herunterladen auf www.leipzigerneuseenland.de.

Bootsverleih: Kanuverleih am Rennbahnsteig, Tel. 0178 685 01 01.
Einkehr: Mit Freisitz über der Elster und feinem italienischen Essen, € € Da Vito, Nonnenstr. 11 b, Tel. 0341 480 26 26, www.da-vito-leipzig.de.

Kanufahren mitten in der Stadt – in Leipzig ist dies problemlos möglich. Die Paddeltouren erlauben einen ganz anderen Blick auf die Handels- und Messestadt.

Immer der Mulde nach

Burgen säumen die zwischen Felshängen und durch Auen mäandernde Mulde; mittelalterliche Städtchen und Klöster reihen sich wie Perlen einer Kette. Landschaft, Architektur und Feste entlang dem Muldental erzählen Geschichten aus vergangenen Zeiten, aus Mittelalter und Reformation.

Lebendig gewordene sächsische Geschichte:
Fürstentag zu Rochlitz und Seelitz

Aus der Renaissance stammt der mächtige Bau des Torgauer Rathauses. Der Brunnen davor
zeigt Gaukler und Tänzer als Erinnerung an früheres Markttreiben.

Ein imposanter Wappenschmuck kann am Tor des
Torgauer Schlosses Hartenfels bewundert werden.

Großer Wendelstein im Schloss Hartenfels: Ohne mittlere Stütze trägt sich die spindelförmige Treppe selbst – seit gut 500 Jahren.

Der eindrucksvoll-wehrhafte Bau war einst Residenz sächsischer Kurfürsten: Schloss Hartenfels in Torgau an der Elbe

Rötlicher Stein dominiert die Felsen des Muldentals und schmückt Sockel, Gesimse und Mauern von Kirchen und Burgen. Porphyrtuff ist nicht nur ein dekorativer, sondern auch leicht zu bearbeitender Baustoff. Die Menschen entlang der Mulde haben sein Vorkommen am Rochlitzer Berg ausgiebig genutzt, und auch weiter weg kam der Stein zu Ehren: beispielsweise am Leipziger Rathaus, beim Bau des Grassi-Museums und sogar am Brandenburger Tor in Berlin. Perfekt wirkt er in der Kombination mit weiß verputzten Wänden, die seine warme Leuchtkraft verstärken – selten sieht man es so wunderbar wie an der Basilika des Klosters Wechselburg.

Das Kloster steht auch beispielhaft für die Besiedelung des Muldentals: Die Region war einst von slawischen Sorben bewohnt, und nur einige Festen an strategisch günstigen Positionen über dem Fluss dienten als Stützpunkte der ottonischen Kaiser. Im 11., 12. Jahrhundert begann dann die Urbarmachung der waldreichen Gegend um die damals bereits bestehende Burg Rochlitz. Graf Dedo, 1156 Erbe der Herrschaft Rochlitz, siedelte deutsche Bauern an und gründete ein Kloster. Die Aufgabe dieses – wie auch vieler anderer Konvente im Grenzgebiet – war in erster Linie, die Bodenkultivierung voranzutreiben, Landwirtschaft und Handwerk zu entwickeln – und für die Ewigkeit das Andenken des Stifters und dessen Familie zu ehren.

Naturoasen und Trutzburgen

In Kurven und Schlenkern folgt die Landstraße der Mulde flussabwärts, meist oberhalb des Tals und mit herrlichen Ausblicken auf Ortschaften und Burgen. Genaugenommen ist es hier die Zwickauer Mulde, über deren Ufer sich herrisch Rochlitz mit seinen beiden über 50 Meter hohen Türmen erhebt.

Colditz' massive Renaissancemauern einige Flusswindungen weiter sollten im Zweiten Weltkrieg den Ausbruchs-

Auf Mildenstein oberhalb der Freiburg Mulde bei Leisnig lässt sich früheres Burgleben nachvollziehen – von herrschaftlicher Wohnkultur bis zum wenig zimperlichen Strafvollzug im Verlies.

Wie Mildenstein geht auch die Burg Colditz auf das 11. Jahrhundert zurück. Das heutige Erscheinungsbild entstand allerdings erst im 16. Jahrhundert.

Ein mächtiger Bau: das eindrucksvolle Rathaus von Grimma

Der Wurzener Markt spiegelt das 17. und 18. Jahrhundert.

„Wemmer dn
sächsschen Dialekt
ä bisschen dähnt, ä
bisschen schdreckt
un schbrichdn noch
ä bisschen trahnicht,
dann häld en jeder fürn
Schbanichr."

Joachim Ringelnatz

bestrebungen gefangener alliierter Offiziere standhalten. Über 300 Fluchtversuche gab es zwischen 1939 und 1945 – 30 waren erfolgreich.

Kurz vor Grimma bekommt die Zwickauer Gesellschaft durch die Freiberger Mulde und gemeinsam rasen sie regelrecht weiter – die Mulde gilt als das am schnellsten fließende Gewässer Mitteleuropas! Keine Frage, dass man die kostenlose Energie früh zu nutzen wusste und Wassermühlen installierte; zwei stehen heute noch kurz vor Grimma. Doch trotz der intensiven landwirtschaftlichen wie später auch industriellen Nutzung ist der Fluss ein Naturparadies geblieben: Bunt glitzernden Pfeilen gleich stürzen Eisvögel ins Wasser und schnappen sich einen Fisch; Wespenbussarde und Seeadler kreisen in den Aufwinden über dem Tal. Im Fluss leben Seeotter und Biber. Seit einigen Jahren kehren, ausgesetzt von Naturschützern, die Lachse zurück.

Auf ihrem gut 250 Kilometer langen Lauf transportiert die Mulde je nach Jahreszeit enorme Wassermengen, denn sie entwässert Erzgebirge und Vogtland und nimmt auf dieser kurzen Strecke 58 Zuflüsse auf. Die Hochwasser der Mulde waren und sind gefürchtet. Grimma, das sich mit reizvollem Marktplatz, Renaissancerathaus und Schloss am Talaus-

gang ausbreitet, kann ein Lied davon singen. Im Jahr 2002 überschwemmte der Fluss die gesamte Altstadt, zerstörte Häuser und Brücken. An der barocken Pöppelmannbrücke wurde zehn Jahre lang gearbeitet.

Die Stadt und ihr Dichter

Hinter Grimma verlässt die Mulde ihr enges Tal und fließt, vom engen Bett befreit, der Elbe entgegen. In Wurzen hat sie bereits an Schnelligkeit verloren, doch nicht an Bösartigkeit, was einem gewissen Hans Bötticher, 1883 in Wurzen geboren und später als Joachim Ringelnatz berühmt geworden, großen Respekt abnötigte. Seine Kindheitserinnerungen an Wurzen konzentrieren sich auf das „trostlos schlammfarbene" Wasser, das Überschwemmungen in die Gassen trieb. Doch müssen Mulde und später Alte Elster – die Familie zog 1888 nach Leipzig – den Jungen auch fasziniert haben, denn schon früh reifte in ihm der Wunsch, der kleinstädtischen Enge zu entfliehen und zur See zu fahren. Einen Hauch von der großen weiten Welt nahm Ringelnatz selbst im heimatlich-sächsischen Dialekt wahr, dem er durchaus Ähnlichkeiten mit dem Spanischen attestierte. Obwohl Ringelnatz Wurzen bereits als Fünfjähriger verließ und nur ein einziges Mal, 1932,

Der Fürstentag in Rochlitz vermittelt lebendig längst
vergangene Zeiten.

Der 33 Meter hohe Bergfried der Burg Gnandstein erlaubt einen
herrlich weiten Panoramablick über das Kohrener Land.

Hinter der Rochlitzer Petrikirche erstreckt sich die Schlossanlage mit besuchenswerten Ausstellungen.

Fanfarenbläser beim „Lebendigen Fürstenzug" auf dem Fürstentag zu Rochlitz und Seelitz.

Special

Sächsisches Burgenland

Schlösser und Schüsseln

Sanft gewellte Hügel, Bauerngüter und Burgen, bäuerliche Keramik – südlich Leipzig scheint das Kohrener Land von der Zeit vergessen.

Von Leipzig kommend, traut man seinen Augen nicht: Die weite und ebene Landschaft buckelt und türmt sich plötzlich zu Hügeln und Tälern. Bauerngüter mit altem Fachwerk besetzen Kuppen und Mulden. Gärten, Felder und Wäldchen tupfen einen bunten Flickenteppich, durch den neben der behäbigen Whyra die Flüsschen Katze, Ratte und Maus plätschern. Das Kohrener Land ist nichts weniger als ein Idyll.

Ein Idyll, zu dem auch trutzige Burgen wie Gnandstein gehören, das mit romanischen und gotischen Mauern auf seinem Felsen über dem gleichnamigen Dorf aufragt. Ab 1409 war der Adelssitz in Familienbesitz, 1945 wurde er enteignet. Mittlerweile wird die seit dem 13. Jahrhundert bezeugte Burg in kleinen Schritten restauriert.

Der Töpferbrunnen in Kohren-Sahlis

Bekannt ist die Region aber für ihre Keramik. Seit Generationen wird blaues, mit weißen Pünktchen und Zickzacklinien geschmücktes bäuerliches Geschirr hergestellt und nicht nur zum großen Kohrener Töpfermarkt zwischen Himmelfahrt und Pfingsten verkauft. Dann allerdings erlebt der Besucher die ganze Vielfalt des traditionellen Handwerks, das heute noch in den Töpferwerkstätten gepflegt wird.

zurückkehrte, blieb ihm die ehemalige Bischofsstadt verbunden: Bereits in den 1920er-Jahren legte ein Ringelnatz-Enthusiast den Grundstein für die heutige Sammlung, 1945 wurde das Geburtshaus mit einer Plakette versehen, und 1983 feierte man den 100. Geburtstag mit der Aufstellung des Ringelnatz-Brunnens auf dem Markt.

Die Spuren der Lutherin

Auch die Reformation hat im Muldental und weiter östlich in Torgau an der Elbe historische Wegmarken gesetzt. Vom Kloster Nimbschen, wo Katharina von Bora als Nonne gelebt hat, stehen heute zwar nur noch Ruinen, aber sehr malerische. Katharina sah nach Lektüre von Luthers Schriften keine Zukunft mehr im klösterlichen Leben. Unterstützt durch den Reformator und einen Torgauer Ratsherrn gelang ihr und zehn weiteren Nonnen 1523 die Flucht aus dem Konvent.

In Torgau hatte die Reformation sehr früh Fuß gefasst – bereits 1519 fand in der Nikolaikirche die erste Taufe nach deutschem Ritus statt, und Martin Luther weihte 1544 mit der Schlosskirche den ersten protestantischen Kirchenbau ein. Auch schätzte er das bis heute gebraute Torgauer Bier, nach dessen Genuss er „überaus wohl" schlief.

LANDSCHAFSGESTALTUNG

Vom Tagebau zur Costa Cospuda

Ein Julisonntag vor den Toren Leipzigs: Sanft rollen die Wellen ans Ufer des Cospudener Sees. Am Hafen dümpeln Motor- und Segelboote, Kite-Surfer durchpflügen das tiefblaue Wasser, Kinder und Jugendliche tollen am Strand – war das früher nicht anders?

Eine so heitere Szenerie hat sich vor 20 Jahren niemand träumen lassen. Damals, prägten aufgerissene Böden, grauschwarze Abraumhalden und monströse Spinnen aus Eisen, deren Schaufeln sich immer tiefer in die Erde fraßen, das Bild. Am Horizont spuckte das Kohlekraftwerk Espenhain stinkende Abgase in die Luft. Auch bei schönem Wetter schien stets ein giftiger Nebel über dem Tagebau zu liegen, und oft trieb er weit bis nach Leipzig hinein. Wenig später, bis 1994, war es dann vorbei mit dem Tagebau.

Ein erschöpfter Tagebau ist verwundetes, trostloses Land, zumindest auf den ersten Blick. Unvorstellbar, dass Natur hier wieder Fuß fassen könnte. Und doch wurden die Wunden in erstaunlich kurzer Zeit geschlossen: Zur Weltausstellung EXPO 2000 präsentierten Leipzigs Süden, das Chemie-Dreieck Bitterfeld-Wolfen und der Tagebau bei Gräfenhainichen ihre renaturierten Industrie- und Bergbaubrachen als zukünftige Naherholungsgebiete. Am Cospudener See schritt die Wiederaufforstung der überbaggerten Flächen schnell voran. Wälder breiteten sich aus. An den Ufern etablierten sich ein Vergnügungspark, Restaurants, Wassersport-Zentren, ein Golfplatz und ein Strandbad mit aufgeschüttetem Sand. Ein Hafen bedient die Bedürfnisse der Bootseigner, Fähren setzten über ans Südufer zum 35 Meter hohen Aussichtsturm. Längst sind die „Costa Cospuda" und die inzwischen 15 weiteren Seen den Leipzigern ans Herz gewachsen.

Tagebau und Öko-Nischen

Man müsste meinen, dass auch der Bund für Naturschutz seine Freude hat an der großflächigen Ausbrei-

Der Cospudener See südlich von Leipzig bietet genug Platz für jede Art von Freizeitgestaltung am und im Wasser.

An sonnigen Tagen zieht es Tausende Leipziger an die Strände der „Costa Cospuda".

Neuseenland nennt sich die aus den Tagebaubrachen entstandene Erholungslandschaft.

Im Hintergrund das
Braunkohle-Kraftwerk
Lippendorf. 2000 in
Betrieb genommen,
genügt es allen Umwelt-
bestimmungen.

tung von Naturräumen im Tagebau – aber weit gefehlt! Der Tagebau ist nämlich selbst Naturraum: Schon bald sah der Naturschutzbund die ökologischen Nischen, die sich im Tagebau gebildet hatten, bedroht. 2004 kämpften Naturschützer in Leipzigs Süden vergeblich gegen die Aufforstung der 108 Hektar großen Kippe Peres. Auf der Brache existierte ein Biotopmosaik mit verschiedenen Vogel-, Insekten- und Amphibienarten – alles Tiere, die der Wald verdrängen würde. Aufgeforstet wurde letztlich dennoch. Vielleicht, weil Wald gefälliger aussieht als eine ökologisch korrekte Industriebrache?

So kommt es im Leipziger Neuseenland zu recht seltsamen Allianzen: der NABU im Schulterschluss mit dem letzten verbliebenen Tagebau-Betreiber. Das noch aktive Tagebaugebiet „Vereinigtes Schleenhain" wurde zur neuen Heimat für die Tiere, die der Renaturierung weichen müssen. Obwohl hier täglich etwa 30 000 Tonnen Kohle ins nahe Kraftwerk befördert werden, haben Aktivisten an abgestellten Großbaggern Nistkästen angebracht, und prompt sind sechs Turmfalken-Paare eingezogen. Die mit Wasserpflanzen und Röhricht bewachsenen Wasserflächen zur Vorwasserreinigung bieten zeitweise über 80 Vogelarten Lebensraum. Mittlerweile kann man unter dem Motto „Naturschaufenster Tagebau" auch Vogelbeobachtungs-Exkursionen nach Schleehain unternehmen. Umweltzerstörung, Renaturierung, Verdrängung – Naturschutz ist eben eine ziemlich knifflige Materie.

Fakten

....

Neben dem **Leipziger Neuseenland** wurde auch die **Goitzsche** im ehemaligen Chemie- und Kohlerevier Bitterfeld-Wolfen geflutet, renaturiert und zu einem Freizeitrevier ausgebaut. Die Umwandlung des Tagebaus Golpa-Nord bei Gräfenhainichen zum **Industriedenkmal Ferropolis** war als „Industrielles Gartenreich" ein Projekt des Bauhauses Dessau zur Weltausstellung im Jahr 2000.

Informationen: Leipziger Neuseenland, Rathausstr. 22, 04416 Markkleeberg, Tel. 0341 33 79 67 18, www.leipzigerneuseenland. de. Städtisches Kulturhaus, Puschkinplatz 3, 06766 Bitterfeld-Wolfen, www.kulturhaus-bitterfeld-wolfen.de. Ferropolis, Ferropolisstraße 1, 06773 Gräfenhainichen, Tel. 03495 3 351 20, www.ferropolis.de; Sommer Mo.–Fr. 10.00 bis 18.00, Sa. und So. 10.00–19.00, Winter tgl. 10.00–17.00 Uhr

Naturkundliche Wanderungen: Ökologische Station Borna-Birkenhain, Am Lerchenberg, 04552 Borna, Tel. 03433 74 11 50, www.oekostation-borna-birkenhain.de

Vereinigtes Schleenhain versorgt mit der hier abgebauten Braunkohle das Kraftwerk Lippendorf. Dieser gewaltige Schaufelradbagger entfernt den Abraum des Tagebaus.

Zwischen Elbe und Mulde

Weite Ebenen prägen das nordwestliche Sachsen zwischen Dübener Heide und Leipziger Tieflandsbucht, während weiter südlich mit Muldental und Kohrener Land die Ausläufer des sächsischen Hügellands ein bewegteres Bild bieten. Der in den 1970er-Jahren in der DDR massiv vorangetriebene Kohle-Tagebau veränderte die Landschaft stark.

❶ Torgau

Auf einem Fels über der Elbe gegründet, bietet die im 13. Jh. mit Stadtrechten ausgestattete Große Kreisstadt (20 000 Einw.) ein malerisches Bild. Zwei Wochen vor Ende des Zweiten Weltkriegs hatten sich auf der inzwischen abgerissenen Elbbrücke sowjetische und US-Soldaten vereinigt.

SEHENSWERT
Aus Renaissance und Barock sind in der Altstadt noch über 100 Häuser erhalten, darunter das imposante **Rathaus** (1579) am Markt. Die gotische **Marienkirche** (12.–16. Jh.) besitzt schöne Kreuzrippengewölbe und eine barocke Ausstattung; in ihr steht das Epitaph Katharina von Boras, der Witwe Martin Luthers, die 1552 in Torgau verstarb. Um 1506 entstand das Tafelbild der 14 Nothelfer von Lucas Cranach d. Ä. Einen Abstecher lohnt die **Katharina-Luther-Stube** im Sterbehaus der Lutherin (Katharinenstraße 11, Tel. 03421 701 40; Di.–So. 10.00–18.00 Uhr). Als ältestes Renaissanceschloss Deutschlands gilt **Schloss Hartenfels,** Mitte des 15. Jhs. errichtet und 1485–1623 Residenz der sächsischen Kurfürsten (u. a. Landratsamt und Wechselausstellungen; tgl. 10.00–18.00 Uhr); auffälliges architektonisches Element ist der Wendelstein im Schlosshof, ein aus Elbsandstein gehauenes, reich verziertes spiralförmiges Treppenhaus. Die **Schlosskirche** (1544) war das erste Gotteshaus in Deutschland, das protestantischen Anforderungen entsprechend erbaut wurde.

UMGEBUNG
Elbe und Mulde begrenzen das Wald- und Seengebiet des **Naturparks Dübener Heide.** Buchen- und Eichen bilden die Hauptvegetation in der Heide; an einigen Stellen sind auch noch Moorinseln mit Erlenbruchwald erhalten. Eine große Biberpopulation besiedelt die Flussufer; mit Glück kann man in der Dämmerung die Nager vom Biberturm aus bei der Arbeit sehen (Biberturm, 10 km nördl. von Bad Düben bei Eisenhammer). Rad-, Wanderwege und Naturlehrpfade führen zu Heidedörfern oder Sehenswürdigkeiten wie der slawischen Ringwallanlage Paker Schloss bei Kossa. Die Moore

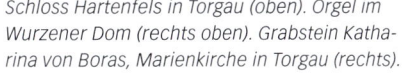
Schloss Hartenfels in Torgau (oben). Orgel im Wurzener Dom (rechts oben). Grabstein Katharina von Boras, Marienkirche in Torgau (rechts).

der Heide werden in den beiden Kurorten Bad Düben und Bad Schmiedeberg zur Heilung unterschiedlicher Beschwerden genutzt. Es wäre ungerecht, bliebe das **Bad Schmiedeberger** Kurhaus, mit seinen dekorierten Wandelgängen und dem Theatersaal ein Schmuckstück des Jugendstils, Kurgästen vorbehalten. Deshalb hat Bad Schmiedeberg zusätzlich auch Wellness im Angebot. Wohnen lässt sich im Kurmittelhaus oder in Gartenvillen – um die Wende 19./20. Jh. erbaut und unendlich nostalgisch.

HOTEL UND RESTAURANT
Der Renaissancebau am Markt beherbergt das komfortable, moderne Hotel € € € **Goldener Anker** (Markt 6, 04860 Torgau, Tel. 03421 732 13, www.goldener-anker-torgau.de). Das urige Restaurant € € € **Herr Käthe** benennt seine Speisen recht originell, doch auch die Qualität von Gerichten wie „Gewaltiger Ochse" (Rumpsteak) spricht für sich (Katharinenstraße 4, Torgau, Tel. 03421 77 86 65, www. herrkaethe-torgau.de).

INFORMATION
Torgau-Informations-Center, Markt 1, 04860 Torgau, Tel. 03421 701 40, www.tic-torgau.de Eisenmoorbad Bad Schmiedeberg, Kurpromenade 2, 06905 Bad Schmiedeberg, Tel. 034925 630 37, www. heilbad-bad-schmiedeberg.de

❷ Wurzen

Die Stadt (17 000 Einw.) hat ihren Ursprung in einer mittelalterlichen Burgsiedlung und gehörte Jahrhunderte zum Bistum Meißen. Nach 1838 kam es zu einer erfolgreichen industriellen Entwicklung, die heute aber nicht mehr trägt.

SEHENSWERT
Auch Wurzen besticht mit einer restaurierten **Altstadt,** die mit ihrer fünftürmigen Silhouette das Hochufer der Mulde beherrscht. Den von

Häusern aus dem 19. Jh. gesäumten Marktplatz schmückt der zum 100. Geburtstag des aus Wurzen stammenden Dichters Ringelnatz (1883–1934) aufgestellte Brunnen; das barocke Geburtshaus des Dichters steht am Crostigall 14. Von Romanik bis zur Moderne sind verschiedene Stile in Bau und Ausstattung des **Doms St. Marien** vertreten (1114 geweiht). Eine dramatisch-schmerzliche Wirkung erzielt die von Georg Wrba 1932 für den Dom gestaltete, expressionistische Kreuzigungsgruppe. Wohnsitz des Bischofs war das im 15. Jh. errichtete **Schloss Wurzen** mit seinen beiden Rundtürmen (heute Schlosshotel).

MUSEUM

Auf Spuren von Joachim Ringelnatz wandert der Besucher im **Museum Wurzen,** wo die Ringelnatzsammlung eine Bleibe gefunden hat (Domgasse 2, Tel. 03425 856 04 05; Mo.–Fr. 10.00–13.00 und 14.00–18.00, Sa. und So. 11.00–16.00 Uhr).

HOTEL/RESTAURANT

€ € € **Schloss Wurzen** lässt in historischem Ambiente und mit gutem Komfort fürstlich wohnen und speisen (Amtshof 2, 04808 Wurzen, Tel. 03425 85 35 90, www.schloss-wurzen.de).

Tipp

Töpferei mit Tradition

Wenn Kohren am ersten Juni-Wochenende zum Töpfermarkt ruft, kommen Kunsthandwerker aus ganz Mitteldeutschland in den Ort, um ihre Erzeugnisse feilzubieten und die Kunst des Töpferns zu demonstrieren. Unter den Techniken und Mustern dominiert traditionell das Kohrener Blau-Weiß, das „Wahrzeichen" der Region. Dabei gerät das ältere, seit dem 15. Jh. überlieferte und in Ocker-Braun aufgetragene Löffelmuster leicht ins Hintertreffen. Dass es nicht ganz verdrängt wurde, ist dem Engagement der beiden Kohrener Werkstätten Töpferhaus Arnold (www.toepferhaus-arnold.de) und Gundula Müller (www.toepferei-muel-ler-kohren-sahlis.de) zu danken. Sie haben das Muster, das mit einem Löffel „geslöffelt", auf das Werkstück angekippt wird, an fein gearbeiteten Schalen, Platten und Bechern wiederbelebt.

Gnandstein ist noch landwirtschaftlich geprägt.

UMGEBUNG

Unter Sachsens Landschaftsparks ist der bei **Machern,** 10 km westl. von Wurzen, unbestritten der reizvollste. Der letzte Reichsgraf von Lindenau ließ ihn im 18. Jh. als englischen Park um das barocke Schlösschen Machern (heute Hotel) anlegen und schmückte ihn mit Pyramide, Tempelchen und Burgruine.

INFORMATION

Tourist-Information Wurzen, Domgasse 2, 04808 Wurzen, Tel. 03425/856 04 00, www.kultur-in-wurzen.de

③ Grimma

Ober- und Unterstadt des im 12. Jh. gegründeten Städtchens (29 000 Einw.) wirken reizvoll mit teils noch aus dem Mittelalter stammenden und im Barock dekorativ umgebauten Häusern. Ab dem 13. Jh. war Grimma eine der Residenzstädte der Wettiner, wohlhabend wurde es durch Markt- und Stapelrecht und durch Webhandwerk. Ende des 18. Jhs. zog der Verleger Georg Joachim Göschen (1752–1828) mit Druckerei und Verlagshaus von Leipzig nach Grimma; in seinem Verlag erschienen u. a. die Werke Goethes, Schillers und Johann Gottfried Seumes. Das Hochwasser 2002 überflutete die Altstadt bis zu 3,50 m hoch. Heute ist die Katastrophe kaum mehr zu erahnen; die Schutzmaßnahmen werden die Uferlinie der Mulde allerdings nachhaltig verändern.

SEHENSWERT

Imposant beherrscht das 1442 errichtete **Rathaus** den **Markt** der Unterstadt. Renaissance- und Barockfassaden säumen den Platz, so das 1521 errichtete Seume-Haus (Markt 11) mit Fassadenschmuck aus Rochlitzer Porphyr. Hier war die Druckerei des Verlegers Göschen untergebracht, in der Johann Gottfried Seume (1763–1810, „Spaziergang nach Syrakus") einige Jahre als Lektor arbeitete.
Die Lange Straße führt, vorbei am Textilkaufhaus (Nr. 58, 1901) und Haus Nr. 29 (16. Jh.) zur **Stadtkirche Unser Lieben Frau** mit romanischer, doppeltürmiger Westfront aus dem 12. und daran angebauter gotischer Basilika aus dem 13. Jh. Innen prangen der spätgotische Flügelaltar, Gemälde aus der Schule von Lucas Cranach d. Ä. und spätgotische Skulpturen. Entlang der Mulde stehen noch Reste der urspr. 2,50 m hohen **Stadtmauer.** Das **Schloss**

erhielt Ende des 14. Jhs. seine heutige Gestalt (Stadtverwaltung). Die nach dem Hochwasser aufwendig sanierte **Pöppelmannbrücke** errichtete 1716–1719 Matthäus Daniel Pöppelmann aus Rochlitzer Porphyr.

AKTIVITÄT

Per Schiff von Grimmas Hängebrücke bis Nimbschen bzw. Höfgen – eine besinnliche Tour (Muldental-Schifffahrt, Colditzer Weg 3, Tel. 03437 91 51 58; März–Okt.).

HOTELS UND RESTAURANTS

€ € € **Schloss Gattersburg** ist eine romantische Unterkunft. Auch sein Restaurant und das Turmcafé mit Muldenblick sind zu empfehlen (Colditzer Straße 3, 04668 Grimma, Tel. 0162 518 66 34, www.hotel-gattersburg.de). Das € € € / € € **Hotel Kloster Nimbschen** und das einfachere Gästehaus liegen idyllisch an der Mulde und haben ein breites Freizeitangebot (Landstraße 1, 04668 Grimma, Tel. 03437 99 50, www.kloster-nimbschen.de). Das Angebot in den Gewölben des Rathauses reicht vom Garnelenspieß bis zur gepökelten Schweinezunge (€ € **Ratskeller,** Markt 27, Tel. 03437 941 84 44, www.ratskeller-grimma.de). Der Gasthof € € **Zur Wassermühle** setzt auf traditionelle sächsische Spezialitäten (Dorfstraße 10, Grimma-Höfgen, Tel. 03437 91 71 53, www.wassermuehle-hoefgen.de).

UMGEBUNG

Der Konvent in **Nimbschen,** urspr. das Zisterzienserkloster Marienthron, stammt aus dem 13. Jh. und ist heute nur noch eine malerische Ruine. Katharina von Bora, spätere Ehefrau von Martin Luther, lebte hier als Nonne und floh in der Osternacht 1523 aus dem Kloster. Am gegenüberliegenden Ufer (Fähre) in **Höfgen** informiert das Museum Wassermühle in einer Getreidemühle aus dem 18. Jh. über das Leben der Müller um 1800 (Dorfstraße 8, Tel. 03437 91 71 53, www.wassermuehle-hoefgen. de; April–Okt. Do.–So. 12.00–17.00 Uhr). Das Museum Schiffsmühle ist ein in der Mulde vertäutes „schwimmendes" Museum, das sich europäischen Flussschiffsmühlen widmet (Denkmalschmiede Höfgen, Zur Schiffsmühle, Tel. 03437 987 70, www.hoefgen.de; April–Okt. Mo.–Fr. 10.00–17.00 Uhr).

INFORMATION

Stadtinformation, Markt 23, 04668 Grimma, Tel. 03437 985 82 85, www.grimma.de

 Colditz

Seit 1046 ist die Existenz einer Burg hoch über der Mulde bezeugt. Bekannt wurde die Ortschaft (5000 Einw.) aber als Internierungslager für Offiziere der Alliierten im Zweiten Weltkrieg.

SEHENSWERT

Ab dem 15. Jh. war das **Schloss** in Besitz der Wettiner und wurde im Dreißigjährigen Krieg stark beschädigt. Die Renaissance-Vierflügelanlage beherbergt heute u. a. eine Jugendherberge und eine Musikschule. Sehenswert ist das vom Anfang des 15. Jhs. stammende Fürstenhaus mit schlankem Erker. Das **Fluchtmuseum** beschäftigt sich mit den zahllosen Ausbruchsversuchen der hier Internierten (www.schloss-colditz.com; April–Okt. tgl. 10.00–17.00, sonst tgl. 10.00–16.00 Uhr).

INFORMATION

Tourismusverein „Colditzer Muldenland", Markt 11, 04680 Colditz, Tel. 034381 435 19, www.zweimuldenland.de

⑤ Rochlitz

Die lang gestreckte Wehranlage auf einer Terrasse über der Mulde, seit 1009 bezeugt, hat ihr mittelalterliches Aussehen ebenso bewahrt wie der zu ihren Füßen entstandene urspr. Marktort (heute 6200 Einw.).

SEHENSWERT

Zur **Altstadt** gehören Rathaus, Alte Baderei und die spätgotische Kunigundenkirche (15. Jh.). In **Burg Rochlitz** ist die spätgotische Kapelle mit Resten von Wandbemalung und einem eindrucksvollen Rippengewölbe erhalten. Fast 100 m² misst die Schlossküche mit riesigem Rauchfang. In den beiden Türmen waren Verliese und Folterkammer untergebracht. Im Palas des Schlosses werden heute Kostüme des Dresdener „Fürstenzuges" gezeigt (www.schloss-rochlitz.de; April–Okt. Di.–Fr. 10.00 bis 17.00, Sa. und So. 10.00–17.00 Uhr).

UMGEBUNG

Die Anfang des 13. Jh. zur Sicherung der Handelswege etwas westl. des Töpferorts **Kohren-Sahlis** errichtete **Feste Gnandstein** **TOPZIEL** ist der Inbegriff einer mittelalterlichen Ritterburg – mit Torhaus und Wehrgang, Palas mit dem einzigen in Sachsen erhaltenen romanischen Rittersaal und Brunnenhaus. Bemerkenswert ist auch die Schlosskapelle mit mehreren spätgotischen Altären, sowie Ausstellungen historischer Waffen, Bauernmöbeln und Keramik (Burgstraße 3, 04655 Kohren-Sahlis, Tel. 034344 613 09, www.burg-museum -gnandstein.de; April–Okt. Di.–Fr. 10.00–17.00, Sa./So. 10.00–18.00 Uhr).

INFORMATION

Tourist-Information „Rochlitzer Muldental", Markt 1, 09306 Rochlitz, Tel. 03737 78 32 22, www.rochlitzer-muldental.de, www.rochlitz.de

---

Rafting im Tagebau

DuMont Aktiv

Von der Wildwasser-Terrasse aus betrachtet, sieht es gar nicht so mitreißend aus, aber wenn das Boot vom Startbecken auf die erste Walze zuschießt, steigt das Adrenalin. Rafting in Europas modernster Wildwasseranlage am Markkleeberger See ist ein ganz schön nasses Vergnügen! Hier rasen nicht nur Hobby-Rafter, sondern auch Profi-Sportler durchs Wasser. Die 2007 erbaute Wildwasseranlage wird von zahlreichen Kanuten zum Slalomtraining genutzt. Mit 130 m Länge und einem Höhenunterschied von 1,80 m zwischen Start und Ziel, verstellbaren Hindernissen und einem Wasserdurchlauf von 4 m³ bis 13 m³ pro Sekunde stellt sie durchaus Ansprüche an das Können.

Das Rafting-Abenteuer steht allen offen, die gesund, einigermaßen sportlich, mindestens zwölf Jahre alt sind und schwimmen können. Auf die Einweisung und das Anlegen der Neoprenkleidung folgen Trockenübungen im Zielbecken. Das richtige Rafting beginnt dann mit der Fahrt auf dem Bootsförderband zum Startbecken, wo eine erste Walze das Boot gleich ordentlich durchschüttelt. Nun heißt es paddeln, auf die Kommandos des Raftguides hören und möglichst nicht kentern (wobei auch dieses „Element" auf Anforderung eingebaut werden kann). Bis zu zehn Mal befahren die Boote die Rundstrecke, abhängig von der Schnelligkeit, mit der die Teilnehmer sie durchs Wasser treiben – etwa zweieinhalb Stunden lang. Und das Ergebnis: Riesen-Spaß gehabt, Teamfähigkeit trainiert und wahrscheinlich Wasser geschluckt.

Weitere Informationen

Information: Kanupark Markkleeberg, Wildwasserkehre 1, Markkleeberg, Tel. 034297/14 12 91, www.kanupark-mark kleeberg.de
Öffnungszeiten: April–Okt.; Rafting Juni, Juli und Aug. Mi. 16.00–19.00, Fr. 15.00–19.00, Sa. 10.00–19.00 und So. 10.00–18.00 Uhr, sonst eingeschränkte Zeiten
Mitzubringen: Badesachen und -schuhe, T-Shirt, Handtuch
Einkehr: Wildwasser-Terrasse mit Bistro und Freisitz am Zielbecken (Salate, Snacks und Drinks)

Ein meist sehr feuchtes, aber auf jeden Fall äußerst spannendes und auch anstrengendes Vergnügen: eine Wildwasserfahrt auf der Rundstrecke im Kanupark Markkleeberg.

Komponisten und Salzsieder

Bis zur Wende galt Halle nicht unbedingt als urbanes Schmuckstück – die Altstadt verfiel, und die Emissionen des Chemiedreiecks färbten die Häuser giftig-grau. Heute hat sich die Stadt gewandelt wie Phönix aus der Asche. Sie ist eine quirlige Schöne geworden, die „an der Saale hellem Strande" mit historischer Substanz von Mittelalter bis Gründerzeit und regem Kulturleben begeistert.

Ab Giebichenstein verkehren Halles Ausflugsschiffe saaleaufwärts zur Rabeninsel und abwärts bis nach Wettin.

Zum 100. Todestag des Komponisten wurde auf Halles Markt das Händel-Denkmal aufgestellt – mit Blick auf die Marktkirche Unser Lieben Frauen. Die Kirche schmückt seit 1529 ein Altar aus der Werkstatt Lucas Cranachs d. Ä. mit einer Maria auf der Mondsichel, vor der als Stifter des Kunstwerks Albrecht von Brandenburg kniet. Alljährlich zu den Händel-Festspielen kostümieren sich Kindergartengruppen zeitgerecht.

Fünf-Türme-Stadt Halle: Der Markt mit der Marktkirche und dem Roten Turm,
dem Glockenturm von Unser Lieben Frauen.

„Eine Kirche, in der
Luther dreimal predigte,
Georg Friedrich Händel
getauft wurde und
deren große Orgel
Johann Sebastian Bach
eingeweiht hat, finden
Sie auf der ganzen
Welt nicht wieder."

Prof. Oskar Rebling,
Marktkirchenorganist 1919–1967

Breit und stattlich besetzt das Haus „Zum Gelben Hirschen", in dem Georg Friedrich Händel am 23. Februar des Jahres 1685 das Licht der Welt erblickte, die Ecke Große Nikolaistraße und Kleine Ulrichstraße im Herzen der Altstadt von Halle. Dem jungen Händel war die musikalische Karriere zunächst nicht vorbestimmt, denn der Vater, ein erfolgreicher Arzt, sah ihn in der Jurisprudenz, und es bedurfte erst eines nachdrücklichen Ratschlages des väterlichen Patienten Herzog von Sachsen-Weißenfels, der den Achtjährigen an der Orgel gehört hatte, um den Vater umzustimmen.

Halle war zwar Geburtsstadt, aber nicht Zukunft für den jungen Komponisten. Ein Stadtmodell im obersten Stockwerk des Händel-Hauses demonstriert eindrücklich die beengenden Koordinaten seiner damaligen Welt: Nur wenige Schritte liegen das Wohnhaus der Familie Händel, die Marktkirche Unser Lieben Frauen – in der Georg Friedrich getauft und später an der Orgel unterwiesen wurde – der Dom, in dem Händel ein Jahr lang als Organist wirkte, die Universität, an der er kurzzeitig dem Wunsch des Vaters und einem Jurastudium nachkam, voneinander entfernt. Bereits als 18-Jähriger verließ Händel seine Heimatstadt, wurde schließlich

Hofmusiker der englischen Krone und einer der ganz großen Barockkomponisten.

Das Wenige, was in Halle von Händel geblieben ist, zeigt das zum Museum umgestaltete Geburtshaus in einer modernen Präsentation. Höhepunkt ist ein kleines Barocktheater, das amüsant die Opern des Meisters erklärt. Herausragend ist die Sammlung historischer Musikinstrumente, darunter das Ruckers-Cembalo von 1599. Außerdem findet man hier allerlei Interessantes und Skurriles, beispielsweise eine Glasharmonika, die dank ihres sphärischen Klangs als Begleitung bei Séancen beliebt war. Auf einigen Instrumenten wie dem Clavichord dürfen Besucher sogar spielen.

Kirche mit vier Türmen
Die Orgel, auf der der kleine Georg Friedrich seine Musikalität entfaltete, steht auf der Ostempore der Marktkirche. Das stille, hochgotische Kirchenschiff von Unser Lieben Frauen hat neben Händel noch auf einige weitere große Männer geblickt. 1545 und 1546 predigte Martin Luther drei Mal von der eleganten, spätgotischen Kanzel, und nach seinem Tod in Eisleben wurde er im Verlauf der Überführung nach Wittenberg hier in der Sakristei

Stiftung Moritzburg, ein Kunstmuseum des Landes Sachsen-Anhalt

Die Martin-Luther-Universität Halle-Wittenberg konnte im Jahr 2002 bereits das 500-jährige Jubiläum ihrer Gründung (wittenbergischer Zweig) begehen.

Im archäologischen Landesmuseum für Vorgeschichte in Halle sind dieses Mammut von Pfännerhall und der „Denker", eine Neandertaler-Rekonstruktion, zu sehen.

Seit 1728 beherbergen Halles Franckeschen Stiftungen auch diese Bibliothek – sie ist in Haus 22 der Stiftung untergebracht und umfasst heute insgesamt rund 200 000 Bände.

Einfühlsam wurden die historischen Bauten der Moritzburg erweitert.

Salzstadt Halle

Special

Von der Verwerfung zum Salz

Wer genau hinsieht bemerkt, dass die westlichen Türme der Marktkirche etwas schief stehen. Geschuldet ist dies der Halleschen Marktverwerfung, einem Riss im Untergrund, der den Marktplatz vom Rathaus über das Händel-Denkmal bis zur Marktkirche quert.

Vor über 65 Millionen Jahren brach hier die Erdplatte auseinander. Das legte nicht nur alte Gesteinsschichten frei, es drückte auch Sole nach oben. Wo sich heute Marktplatz und Hallmarkt befinden, sprudelten Salzquellen. Schon frühgeschichtliche Bewohner nutzten diese; 3300 Jahre reichen die Zeugnisse des Salzsiedens zurück. Im 11./12. Jahrhundert wurde Halle dank der Sole reich. Die Salzarbeiter gründeten 1491 die „Salzwirkerbrüderschaft im Thale zu Halle" und nannten sich Halloren – mit eigener Gerichtsbarkeit und einem sozialen Sicherungssystem. Bis heute pflegen die Halloren überliefertes Brauchtum.

Halloren vor Halles alter Saline

Und als die Stadt das Salinenmuseum schließen wollte, eingerichtet in der letzten, noch bis 1964 betriebenen Saline, übernahmen es die Halloren in freier Trägerschaft. Prunkstück hier ist die zehn Meter lange und sechs Meter breite Siedepfanne, die regelmäßig befeuert und mit Sole befüllt wird. Jedes Jahr werden 70 Tonnen Salz gewonnen und verkauft. Damit besitzt Halle das einzige nicht für Souvenirzwecke produzierende Museum Europas.

aufgebahrt, woran seine Totenmaske in der westlichen Turmkammer erinnert. Die große Cuntius-Orgel wurde im Jahr 1716 von keinem Geringeren als Johann Sebastian Bach eingeweiht, und dessen ältester Sohn Friedemann fungierte an der Marktkirche als Organist und Musikdirektor.

Die eigenwillige Architektur mit zwei Turmpaaren verdankt das Gotteshaus der Tatsache, dass man beim Bau ab 1529 zwei ältere Kirchen, St. Gertrud und St. Marien, abriss und deren Türme anschließend durch ein neues Kirchenschiff verband. Dies geschah auf Wunsch des Magdeburger Erzbischofs Albrecht von Brandenburg, der sich zuvor schon mit dem Ausbau der Moritzburg in derart große Ausgabe gestürzt hatte, dass er damit – mit Sicherheit ungewollt – die Kirchenspaltung auslöste. Diverse Bauprojekte, seine Sammelleidenschaft und die Abgaben an den Papst für das Privileg gleich zweier Erzbischöflicher Ämter – in Magdeburg und Mainz – hatten ihn an den Rand des Bankrotts gebracht. Der Verkauf von Ablässen sollte die hohen Schulden des Erzbischofs tilgen – und dies wiederum veranlasste Martin Luther 1517 zum Anschlag seiner Thesen. Doch während die Städte ringsum dem Reformator folgten, blieb Halle noch lange katholisch. Erst am

Entspannt geht es in Halles Kleiner Ulrich- und Großer Klausstraße zu – wo das Bier vor einem Wandbild von Hans-Joachim Triebsch serviert wird. Ein Schiffsausflug nach Wettin führt durch den als Naturpark Unteres Saaletal geschützten Flussabschnitt. Halles Laternenfest gilt als eines der größten Volksfeste in Mitteldeutschland

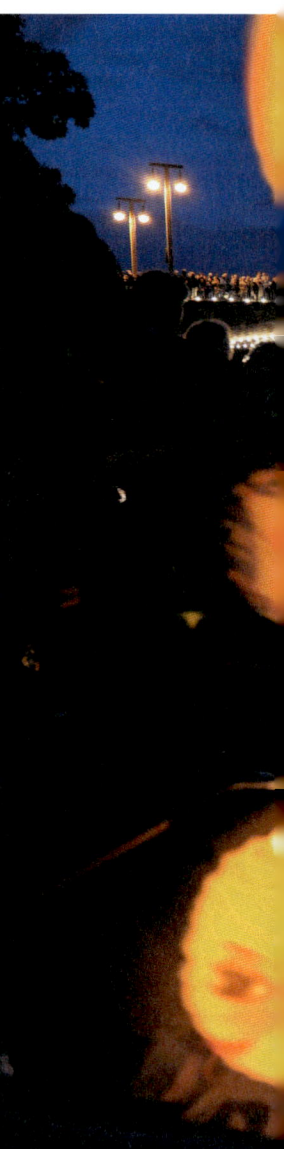

Karfreitag 1541 hielt Luthers Freund Justus Jonas die erste evangelische Predigt in der Stadt.

Moderne in alten Mauern

Wenige Wochen zuvor war Erzbischof Albrecht aus der Moritzburg nach Mainz geflohen. Er nahm alle Schätze, die er angehäuft hatte, mit in den Süden. So kommt es, dass Halle weder eine Sammlung Alter Meister noch einen Kirchenschatz besitzt. Dennoch kann es mit einem sehr eindrucksvollen Kunstmuseum überzeugen: Die Stiftung Moritzburg in der ehemaligen Zwingburg zeigt Werke der klassischen Moderne. Die 1908 eingerichtete Sammlung konzentrierte sich auf Werke zeitgenössischer Künstler und hatte schon bald eine aufsehenerregende expressionistische Sammlung – die, 1937 als „Entartete Kunst" beschlagnahmt, allerdings fast vollständig verloren ging.

Nach dem Zweiten Weltkrieg machte man sich dann aber an den Wiederaufbau und präsentiert nun nach mühsamen Rückkäufen einen beachtlichen Bestand vor allem von Expressionisten wie Lyonel Feininger – dessen Halle-Werke (s. S. 69) auf der eigens eingerichteten Lyonel-Feininger-Empore zu sehen sind –, Emil Nolde und Erich Heckel. Deren Werke können im von dem spanischen Architektenpaar Nieto und Sobejano einträchtig gestalteten Museumstrakt ihre Wirkung besonders gut entfalten.

Auch wenn es Halle augenfällig immer noch nicht einfach hat mit seiner jüngsten Vergangenheit – sie hatte aus dem auf Salz gebauten bürgerlichen Wohlstand zuerst eine Chemie- und realsozialistische Musterstadt geformt und der Saalestadt dann auch noch die schlechteren Karten gegeben, als es darum ging, demokratisch eine Landeshauptstadt für Sachsen-Anhalt zu küren –, gelten nun Goethes 1803 an Schiller gerichtete Worte wieder: „Versäumen Sie ja nicht, sich in Halle umzuschauen, wozu Sie manchen Anlass finden werden."

Weniger bekannte Lutherstätten

Jenseits von Wittenberg

Das Luther-Jahr 2017 hat Lutherstätten zu Tage gefördert, die bislang bestenfalls regional bekannt waren. Auch wenn kein Weg vorbeiführt an den großen Highlights wie Wittenbergs Schlosskirche, lohnt ein Besuch bei folgenden, nicht ganz so spektakulären Erinnerungsorten.

1 Ich bin ein Mansfeldisch Kind

Geboren wurde Martin Luther am 10. November 1483 in Eisleben, doch schon kurz nach der Geburt zog Familie Luder, wie der Name damals geschrieben wurde, nach Mansfeld. Hier bewohnte sie ein Haus mit Wirtschaftsgebäuden und Stallungen. Luther wuchs in Mansfeld auf, ging hier zur Schule und verließ es 1497, im Alter von 14 Jahren. Das neben dem Elternhaus 2014 errichtete Museum und das Haus selbst gestatten einen Blick auf das gesellschaftliche Ansehen und den Wohlstand der Familie. Sie zeigen aber auch den strengen, fast klösterlichen Rahmen, in dem sich das Leben des Jungen bewegte, der später Reformator werden sollte.

Luthers Elternhaus, Lutherstr. 26, 06343 Mansfeld-Lutherstadt, Tel. 034782 919 38 10, www.lutherstaedte-eisleben-mansfeld.de, April bis Okt., tgl. 10–18, Winter Di.–So. 10–17 Uhr

2 Martin Luthers Taufkirche

Von 1447 bis 1513 dauerten die Arbeiten an der Hallenkirche St.-Petri-Pauli in Eisleben. Doch in Betrieb war das Gotteshaus offensichtlich schon in der Bauphase, denn sonst hätte hier am 11. November 1483, an Martini, nicht der tags zuvor geborene Sohn der Familie Luder getauft werden können – auf den Namen Martin, wie es der Patronatstag vorsah. Die spätgotische Kirche enthält einen Flügelaltar mit der Darstellung der Anna Selbstdritt und Kopien von Lutherportraits aus der Werkstatt Lukas Cranachs. Ihren Mittelpunkt aber bildet das ungewöhnliche, kreisrunde Ganzkörpertaufbecken, das bei Renovierung und Umbau des Gotteshauses zum „Zentrum Taufe" 2012 eingefügt wurde. Das (alte) neugotische Taufbecken daneben enthält, so sagen es die Legenden, Fragmente des Beckens, in dem Martin Luther in die Gemeinde aufgenommen wurde.

St. Petri-Pauli-Kirche (Zentrum Taufe), Petrikirchplatz 22, 06295 Lutherstadt Eisleben, Tel. 03475 711 80 22, www.lutherstaedte-eisleben-mansfeld.de, April bis Okt., Mo.–Sa. 10–16, So. 11.30–16, Winter Mo.–Sa. 11–15, So. 11.30–12.30 Uhr

3 Wo der „Lehrer Deutschlands" wirkte

Als Philipp Melanchthon 1518 an die Universität Wittenberg berufen wurde, war der Thesenanschlag an der Schlosskirche gerade ein Jahr her. Martin Luther, der eine Professorenstelle innehatte, schätzte den neuen Kollegen. Bald entwickelte sich eine intensive Freundschaft. 1536 ordnete Kurfürst Johann Friedrich den Bau eines repräsentativen Anwesens für Melanchthon, seinen „Lehrer Deutschlands", an. Im Stil der Zeit erhielt dieses Haus hohe, abgerundete Ziergiebel, die wie eine erhobene Hand das Dach überragen. Melanchthon bewohnte es bis zu seinem Tod 1560. Die Gedenkräume, ein Studier- und das Sterbezimmer, wurden 1967 eingerichtet und sind nicht nur Erinnerungsstätte, sondern ein Zeugnis nahezu unverändert erhaltener Renaissancearchitektur. 2013 eröffnete der Neubau nebenan, in dem vor allem Schriften und Dokumente ausgestellt sind.

Melanchthonhaus, Collegienstr. 60, 06886 Lutherstadt Wittenberg, Tel. 03491 420 31 10, www.martinluther.de, April–Okt., tgl. 10–18, Winter Di.–So. 10 bis 17 Uhr

4 Ein Schloss als Symbol der Reformation

Das Renaissanceschloss spielte eine wichtige Rolle für die Reformation. Zunächst einmal wurde hier 1463 Friedrich der Weise geboren, der seine Hand gegen Papst- und Kaiserbann über den Reformator hielt, obwohl er selbst ein frommer Katholik war und blieb. Martin Luther selbst besuchte Torgau und Schloss Hartenfels immer wieder – auf Einladung des Kurfürsten bzw. dessen Nachfolgers Johann Friedrich, um mit seinen Vertrauten Justus Jonas und Johannes Bugenhagen die „Torgauer Artikel" zu erarbeiten. Kurfürst Johann Friedrich war es denn auch, der die Burg zu einem stolzen Symbol des protestantischen Sachsens umbauen ließ. Zum Lutherjahr 2017 erstrahlen die renovierte Schlosskirche und die kurfürstlichen Gemächer in neuem Glanz.

Schloss Hartenfels, Schlossstr. 27, 04860 Torgau, Schlosskapelle tgl. 10–18 Uhr

5 Katharina von Boras Klosterflucht

Nur noch einige Ruinen erinnern an das Zisterzienserinnenkloster Nimbschen, in das Katharina von Bora, spätere Ehefrau von Martin Luther, 1508 im zarten Alter von neun Jahren eintrat und 1515 das Gelübde ablegte. Zwei Jahre später erschütterte Luthers Thesenanschlag die katholische Kirche. Die junge Katharina und acht weitere Stiftsdamen waren von den Ausführungen des Reformators so bewegt, dass sie ihn baten, bei der Flucht aus dem Kloster zu helfen. Luther schickte 1523 einen Wagen, der die Nonnen hinter Heringsfässern versteckt nach Wittenberg brachte. Das Kloster konnte sich von dieser Flucht und weiterem personellen Aderlass nicht mehr erholen. 1536 wurde es aufgelöst.

Klosterruine Nimbschen, 3 km südlich von Grimma an der Mulde

6 Wo „Herr Käthe" starb

„Unerwarteterweise hat Luther die Bora geheiratet, ohne auch nur seine Freunde über seine Absichten zu unterrichten ...", notierte Philipp Melanchthon 1525 über den Entschluss seines Freundes Martin Luther, die aus Nimbschen geflohene Nonne Katharina von Bora zu heiraten. Für beide war der jeweils andere nicht die erste Wahl, sondern eine Notlösung, aber eine, die funktionierte. Eine einzige Gedenkstätte erinnert an die energische Lutherin: Die Stube, in der sie 1552 nach einem Beckenbruch starb, den sie sich bei einem Unfall ihrer Kutsche in der Nähe Torgaus zugezogen hatte. Die Ausstellung in dem Renaissancehaus zeichnet ihren Lebensweg nach – eine kleine Erinnerung an eine große Frau, die Luther gerne „Herr Käthe" nannte.

Katharina-Luther-Stube, Katharinenstr. 11, 04860 Torgau, Tel. 03421 701 40, www.museum-torgau.de, Di.–So. 10–18 Uhr

7 Die Musterschülerin der Reformation

Wittenberg machte den Anfang, aber kurz darauf trat bereits 1522 das anhaltinische Zerbst zur Reformation über, eine wohlhabende Stadt mit drei großen Kirchen und drei Klöstern. Als erdrückend empfanden die Bürger von Zerbst ihren Klerus und beschwerten sich bereits Ende des 15. Jhs. beim Bischof; einige verweigerten sogar den Kirchenzins. Als Martin Luther 1522 vor den Mönchen des Zerbster Augustinerklosters predigte, fielen seine Thesen auf fruchtbaren Boden. Bereits ein Jahr später wirkte in der Stadt ein evangelischer Pfarrer. Melanchthon wandelte die Klöster in eine Schule und ein Hospital um: Das Gymnasium Francisceum Zerbst besteht seit 1532; St. Nicolai, die erste protestantische Kirche Anhalts, fiel 1945 einem Bombenangriff zum Opfer. Ihre wieder aufgebauten Türme und die Ruine des Kirchenschiffs lassen die einstige Bedeutung des ersten evangelischen Gotteshauses in Anhalt noch heute erkennen.

Gymnasium Francisceum Zerbst, Jeversche Str. 13, 39261 Zerbst/Anhalt (ehem. Barfüßerkloster, nur von außen zu besichtigen); Nicolaikirche, am Nordende des Markts, eine Besichtigung kann die Tourist Information organisieren (Markt 11, 39261 Zerbst, Tel. 02923 76 01 78, www.stadt-zerbst. de)

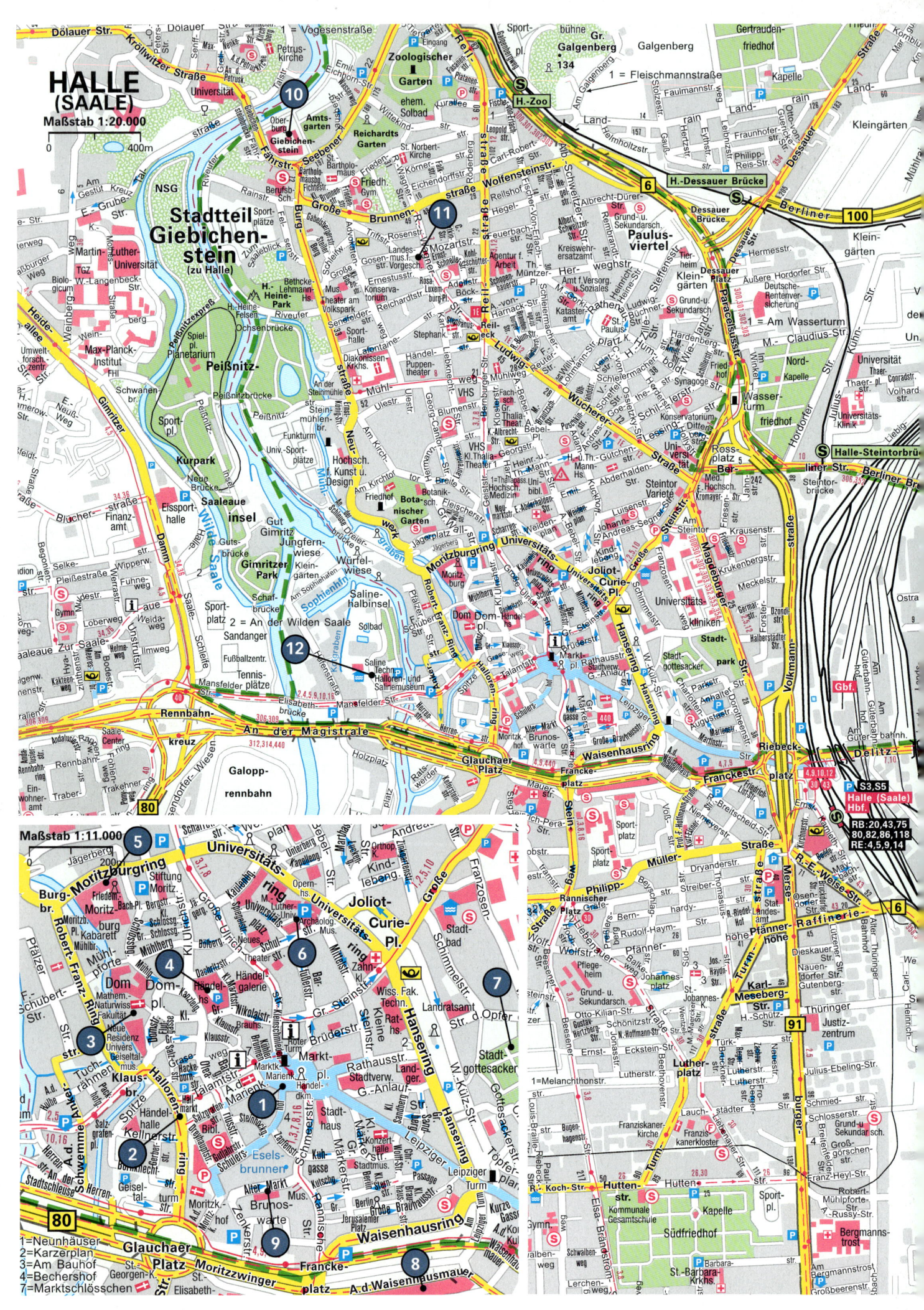

Die Stadt
der fünf Türme

Halles Altstadt liegt am Ostufer der Saale – vergessen scheint die Zeit, als die Industrie den Himmel verdüsterte. Die das Zentrum umschließende Ringstraße folgt großteils dem Verlauf der abgerissenen Stadtmauer. Das Herzstück der Stadt bilden Marktplatz und Hallmarkt. Von ihnen aus sind alle Sehenswürdigkeiten gut zu Fuß erreichbar.

● Geschichte

Das bereits in vorgeschichtlicher Zeit besiedelte Gebiet östlich der Saale wurde 968 durch Kaiser Otto I. dem Erzbistum Magdeburg zugeschlagen. Ab dem 11. Jh. brachte die Salzproduktion Halle einträglichen Wohlstand und verhalf zur Mitgliedschaft in der Hanse. Nach dem Dreißigjährigen Krieg kam die Stadt zusammen mit Magdeburg an das Kurfürstentum Brandenburg (1680) und damit später an Preußen – unterbrochen von einem napoleonisch-französischen Zwischenspiel. Im 17. und 18. Jh. wirkten in Halle so bedeutende Persönlichkeiten wie der Komponist Georg Friedrich Händel (1685–1759) und der Mathematiker Christian Wolff (1679–1754). Kurz vor Kriegsende 1945 brachten alliierte Bomber Zerstörungen in die bis dahin intakte Altstadt. Braunkohletagebau und Chemie prägten die Region zu DDR-Zeiten, heute dominieren Dienstleistungsunternehmen die Wirtschaft. Neben der Universität besitzt Halle auf Burg Giebichenstein eine angesehene Kunsthochschule.

INFORMATION
Stadtmarketing Halle, Marktplatz 13,
06108 Halle/Saale, Tel. 0345 122 99 84,
www.halle-tourismus.de

● Sehenswert

MARKT
Das Wahrzeichen der Stadt, die fünf Türme, schmücken den **Marktplatz** ❶: **Hausmannstürme** (Osten) und **Blaue Spitzen** (Westen) der Marktkirche sowie **Roter Turm** (1506) mit einem Glockenspiel, seinerzeit einziger freistehender Turm Deutschlands. Zu seinen Füßen wacht ein steinerner Roland über das Marktgeschehen. Ein Denkmal erinnert seit 1859 an Georg Friedrich Händel. Das **Marktschlösschen** (Tourist-Information) hat Renaissanceformen bewahrt. Funktionelle Architektur zeichnet den **Ratshof** (1930) aus.
1529–1554 nach Plänen des Baumeisters Caspar Kraft zwischen den Turmpaaren der abgerissenen Kirchen St. Gertrud und St. Marien zu

Fischerstechen beim Laternenfest (oben). Der Eselsbrunnen (rechts oben). Halloren bei den Händel-Festspielen (rechts unten)

einem Gotteshaus gefügt, zeigt die **Marktkirche Unser Lieben Frauen** TOPZIEL ein schönes Kreuzrippengewölbe, eine bereits in die Renaissance weisende Kanzel und ein Renaissance-Chorgestühl. Das Tafelbild am Altar stammt aus der Werkstatt Lucas Cranachs d. Ä. An der Orgel auf der Empore erlernte Händel das Orgelspiel; auch das Bronzebecken (1430), in dem er getauft wurde, ist noch erhalten. Im nordw. Torturm ist die Totenmaske Luthers ausgestellt (www.marktkirche-halle.de; Mo.–Sa. 10.00–17.00, So. 15.00–17.00 Uhr).

HALLMARKT
Am **Hallmarkt** ❷ stand Halles Wiege, das Salzsieder-Viertel Hall. Der 1998 aufgestellte Hallmarkt- oder Göbelbrunnen, benannt nach seinem Schöpfer Bernd Göbel, erinnert an die Salzarbeiter und Persönlichkeiten der Stadt.

DOM
Der aus einer hochgotischen Dominikanerkirche Anfang des 16. Jhs. zum Renaissancebau umgestaltete sogenannte **Dom** ❸ fällt vor al-

lem durch seine Rundgiebel ins Auge, die das gotische Satteldach verbergen. Im Inneren sind 17 Pfeilerfiguren, eine prunkvolle Kanzel und das Chorgestühl, alle aus der ersten Hälfte des 16. Jhs., bemerkenswert (Winter geschl.). Die **Neue Residenz** nebenan sollte nach dem Willen des Erzbischofs Albrecht die Katholische Universität beherbergen; die Reformation verhinderte die Umsetzung des Plans.

MORITZBURG
Erzbischof Ernst von Sachsen ließ Halle 1478/1479 besetzen und zwang die auf Eigenständigkeit pochende Stadt erneut unter Magdeburger Herrschaft. Symbol seiner Macht war die **Moritzburg** ❺, 1484–1503 als Zwingfeste geplant, allerdings später unter Albrecht von Brandenburg durch Umbauten in ihrer gegen die Stadt gerichteten Wirkung abgemildert. Feuer und Umgestaltungen in späteren Jahrhunderten haben die historische Struktur stark

verändert; so ist das Talamt, in dem die Halloren ihre Beratungen abhielten, ein Nachbau aus dem beginnenden 20. Jh. Seit 2008 belebt der Erweiterungsbau des Kunstmuseums West- und Nordflügel mit postmoderner Architektur (Öffnungszeiten wie Museum).

UNIVERSITÄT

Die **Universität** ❻ stand lange in Konkurrenz zur Hochschule im nahen Wittenberg; 1817 wurden beide zur Martin-Luther-Universität Halle-Wittenberg vereinigt. Zwei gusseiserne Löwen flankieren die Freitreppe des klassizistischen „Löwengebäudes", innen schmücken es Büsten von Martin Luther, Philipp Melanchton und weiterer bedeutender Gelehrter.
Die **Oper Halle** östl. des Universitätsrings galt 1886 als modernstes Musiktheater Deutschlands – sie war voll elektrifiziert.

STADTGOTTESACKER

Halles **Friedhof** ❼, ab 1557 außerhalb der Stadtmauer angelegt, entstand im Geiste der Renaissance als von Mauern gefasstes Karree, dessen Arkaden aus 94 Grabbögen und mit schmiedeeisernen Gittern gesicherten Grüften bestehen. Viele bedeutende Familien fanden hier ihre letzte Ruhe, darunter Georg Friedrich Händels Eltern, der Gründer der Franckeschen Stiftungen, Hermann Francke, und der Mitgründer der Universität, Christian Thomasius. Neben der historischen Bedeutung ist der Friedhof ein idyllischer Ort für einen Spaziergang zwischen Grabsteinen unter Bäumen (Nov. bis Feb. 8.00–17.00, März, Okt. 8.00–18.00, April, Sept. 8.00–19.00, Mai–Aug. 8.00–20.00 Uhr).

ALTER MARKT

Mehrere Bürgerhäuser, darunter der Goldene Pflug (1605) und das etwa zeitgleich errichtete Haus am Alten Markt 31, säumen den lang gezogenen **Platz** ❾ mit dem Eselsbrunnen (1913), der auf eine hallische Sage Bezug nimmt. Dass hier reiche Kaufleute wohnten, belegen schöne Steinportale an einigen Häusern. Die mächtige Moritzkirche, die wie der Dom keinen bzw. nur einen niedrigen Turmaufsatz trägt, war urspr. Ordenskirche der Augustiner (1388–1511); die Innenausstattung verdankten

Freizeit in Reichardts Garten (oben). Bibliothek der juristischen Fakultät (rechts oben). Landesmuseum für Vorgeschichte (rechts unten)

die Augustiner großzügigen Gönnern – Eigentümer der ertragreichen Salzpfannen unterstützten das Kloster. Anrührend sind die ausdrucksstarken Skulpturen des hallischen Bildhauers Conrad von Einbeck (1360–1428), der „Schmerzensmann", die „Klagende Maria" und der „Schellenmoritz".

GIEBICHENSTEIN

Der gleichnamige Stadtteil wird überrragt von seiner **Burgruine** ❿ (Urspr. 10. Jh., 12. Jh.), die im Mittelalter überregionale Bedeutung hatte. Ihre Unterburg beherbergt heute die Kunsthochschule Halle.

⬤ Museen

Auch Halle verfügt über eine Vielzahl interessanter Museen. Eine Auswahl:
Im **Landesmuseum für Vorgeschichte Halle** **TOPZIEL** ⓫ ist die Himmelsscheibe von Nebra spektakulärstes Ausstellungsstück; der Hortfund, der neben der Bronzescheibe aus zwei Schwertern, zwei Beilen und zwei Armspiralen bestand, ist in einem dunklen Raum punktgenau beleuchtet präsentiert. Aber auch der Rest des Museums erlaubt faszinierende Blicke auf vergangene Zeiten: Im Elefantenraum rekonstruierte man einen 125 000 Jahre alten Elefanten-Schlachtplatz, eine Schamanin wird mit Tierfellen und Knochen geschmückt bestattet, eine Wand voller Faustkeile dokumentiert den Wandel vom Wildbeuter zum Feldbauern. Viel Zeit mitbringen – dieses Museum macht wirklich Spaß, auch Kindern (Richard-Wagner-Straße 9, Tel. 0345 524 73 63, www.lda-lsa.de/landes museum_fuer_vorgeschichte; Di.–Fr. 9.00 bis 17.00, Sa. und So. 10.00–18.00 Uhr).
Die **Neue Residenz** ❸ ließ Kardinal Albrecht von Brandenburg ursprünglich als katholische Universität errichten. Die Anlage aus der Frührenaissance beherbergt städtische Ämter und einen zu den Händel-Festspielen im Sommer kreativ bepflanzten Kunstgarten (Domstr. 5). Das bis 2011 darin untergebrachte **Geiseltalmuseum** mit kreidezeitlichen Fossilien soll längerfristig ins Naturkundemuseum umziehen (www.naturkundemuseum.uni-halle.de).
Das **Halloren- und Salinemuseum Halle** ⓬ bietet Einblicke in die salzige Vergangenheit der Stadt (Mansfelder Straße 52, Tel. 0345 209 32 30, www.salinemuseum.de; Di.–So. 10.00–17.00 Uhr).

Moderne und Gegenwartskunst sind Schwerpunkte des Kunstmuseums der **Stiftung Moritzburg** ❺. Werke von Franz Marc, Otto Müller, Emil Nolde, Max Beckmann und der Brücke-Maler bilden den Kern der Ausstellung. Ihr Höhepunkt sind die Gemälde und Kohlezeichnungen des Halle-Zyklus' von Lyonel Feininger, der nach der Beschlagnahmung durch die Nationalsozialisten 1937 als Entartete Kunst leider nicht komplett wiederbeschafft werden konnte. Interessant ist auch die historische Mauern geschickt einbeziehende Architektur (Friedemann-Bach-Platz 5, Tel. 0345/21 25 90, www.stiftung-moritzburg. de; Do.–Di. 10.00–18.00 Uhr).
Der Pietist August Hermann Francke (1663 bis 1727) gründete 1695 ein Waisenhaus, Kernstück seiner „Glauchaschen Anstalten" aus denen sich die **Franckeschen Stiftungen** ❽ entwickelt haben. Mehr als 2000 Kinder lebten und lernten in Franckes Schulen. Heute sind die Stiftungen ein Sammelpunkt unterschiedlicher kirchlicher, städtischer und universitärer Kultur- und Forschungsinstitutionen. Das historische Haupthaus birgt eine barocke **Kunst- und Naturalienkammer,** in der zahllose Ausstellungsstücke, wie im Barock üblich unterteilt nach Naturalien, Kuriositäten und Artefakten, ausgestellt sind. Die Bandbreite der Sammlung, als Spiegelbild der Welt und ihrer Vielfalt verstanden, reicht von Pflanzen über menschliche Embryonen, indische Götterstatuen, Kleidung aus allen Teilen der Welt und Zeugnissen der Schreibkunst bis hin zu einem Kajak aus Grönland (Franckeplatz 1, Tel. 0345/212 74 50, www. francke-halle.de; Di.–So. 10.00–17.00 Uhr).
Das **Händel-Haus** ❹, Geburtshaus Georg Friedrich Händels, ist Musik-Museum und Zentrum der Händel-Forschung. Die moderne Präsentation im Wohnhaus zeichnet Händels Lebensweg als „Europäer" von Halle bis London nach. Die Sammlung historischer Musikin-

strumente im angrenzenden Neubau gilt als eine der bedeutendsten in Deutschland. Die Ausstellung lädt mit interaktiven und multimedialen Angeboten zum aktiven Erfahren ein. Reizvoll ist auch das Konzertprogramm; teils wird in der wunderbar erhaltenen Renaissance-Bohlenstube des Wohnhauses musiziert (Große Nikolaistraße 5, Tel. 0345 50 09 00, www. haendelhaus.de; April–Okt. Di.–So. 10.00 bis 18.00, sonst Di.–So. 10.00–17.00 Uhr).

Das **Beatles-Museum** widmet sich den Pilzköpfen aus Liverpool sowohl in ihrer Ära als Popband als auch der Solokarrieren. Bilder, Poster, Schallplatten und viele signierte Erinnerungsstücke lassen die Beatles hochleben (Alter Markt 12, Tel. 0345 290 39 00, www.beatles museum.net; Di.–So. 10.00–18.00 Uhr).

● Hotels & Restaurants

Das € € € **Hotel Charlottenhof** bietet in einem Jugendstilbau am Bahnhof stilvolle Unterkunft im Herzen der Stadt (Dorotheenstraße 12, 06108 Halle/Saale, Tel. 0345 292 30, http:// hotel-halle-saale.dorint.com).

Das charmante € € € **Restaurant Immergrün** gegenüber dem Händel-Haus wird von einem kreativen jungen Paar geführt, das moderne Küche voller Überraschungen serviert (Kleine Klausstraße 2, Tel. 0345 521 60 56, www.restau rant-immergruen.de). Der € € € **Mönchshof** ist ein Traditionsrestaurant mit gutbürgerlicher Küche, aber auch einigen anhaltinischen Spezialitäten (Talamtstraße 6, Tel. 0345 202 17 26, www.moenchshof-halle.de).

● Unterhaltung

MUSIK & THEATER

Das Musiktheater **Oper Halle** ist für seine jährlichen Neuinszenierungen von Händel-Opern bekannt. Großes Renommee hat auch die **Staatskapelle Halle,** die u. a. im Dom Konzerte gibt. Halles Sprechbühne ist das **Neue Theater** (für alle: Universitätsring 24, Tel. 0345 511 07 77, www.buehnen-halle.de). Die Konzerte barocker Musik wirken im historischen Ambiente des **Händel-Hauses** und besonders in der Bohlenstube ungemein intim. In der Reihe „Authentischer Klang" wird gelegentlich auch die Barockorgel gespielt (www. haendelhaus.de).

Ein Muss für „Messiah"-Freunde: Vorgetragen wird das Oratorium nach strenger Auswahl von aus aller Welt sich bewerbenden Chören; über 400 Kehlen stimmen anlässlich **Händels Geburtstag** Ende Februar das Halleluja an (www. happy-birthday-haendel.de).

VERANSTALTUNGEN

Zu den Höhepunkten gehören die **Händel-Festspiele** im Juni (www.haendelfestspiele. halle.de), das **Laternenfest,** ein Volksfest mit Musik, Bootskorso und Fischerstechen im Aug. (www.halle.de), und das **Salzfest** der Halloren im Sept.

Genießen   Erleben   Erfahren

DuMont
Aktiv

Halle im Prisma der Kunst

Im Mai 1929 traf Lyonel Feininger, der US-amerikanische Maler mit deutschen Wurzeln, in Halle ein, um ein Portrait der Stadt zu malen. Im Laufe von zwei Jahren entstanden elf Gemälde, der berühmte „Halle-Zyklus". Auf dessen Spuren führt der Kunst-Spaziergang.

Auf dem Markt/Ecke Leipziger Straße verweisen Stelen auf die Blickpunkte 1 und 2: Die „Marktkirche zur Abendstunde" zerlegt das Gotteshaus zu himmelwärts strebenden Prismen. Die „Marienkirche mit dem Pfeil" bildet es als abstrakte Struktur aus kubischen Formen ab (beide 1930). Blickpunkt 3 und 4 führen zur Ecke Schülershof/Steinbockgasse. Handelshäuser drängten sich 1929 am „Trödel", die Feininger in warmen Brauntönen malte. Hier entstand 1931 auch „Die Türme über der Stadt". Motive 5 und 6 Ecke Salzgrafen-/Oleariusstraße zeigen die „Marienkirche I" (1929) und die „Marktkirche bei Nacht" (1931), von magischem Licht erleuchtet. Den Blick auf den Roten Turm, der sich Ecke Große Klausstraße/Graseweg ins Bild der bis heute von Fachwerk gesäumten Gassen drängt, halten „Roter Turm I" (7, 1930) und „Roter Turm II" (8, 1930) fest. Vom Domplatz/Ecke Flutgasse malte Feininger den Dom zwischen 1929 und 1931 als himmelwärts leuchtenden Kristall (9, „Der Dom zu Halle"), an der Ecke Kanzleigasse komponierte er 1931 „Der Ostchor des Domes in Halle" (10). Bild 11, eine enge Häuserflucht der „Bölbergasse" (1931), gilt als Kriegsverlust. Zum Abschluss erlaubt die Moritzburg die Begegnung mit dreien der Meisterwerke, 2, 7 und 9, im Original.

Weitere Informationen

Ausgangspunkt: Markt
Endpunkt: Stiftung Moritzburg
Dauer: 1,5 Std.
Einkehrmöglichkeit: Das € € „Moritz-kunstcafé" in der Moritzburg serviert

leichte Gerichte und Kuchen (Mo.–So. 10.00–18.00 Uhr).
Geführte Tour: StattReisen Halle, Große Klausstraße 15, Tel. 0345 131 71 89, http:// stattreisen-halle.de (nach Vereinbarung)

Die Moritzburg beherbergt heute u. a. ein großartiges Kunstmuseum, dessen Schwerpunkt eine Dauerausstellung zur klassischen Moderne bildet – u. a. mit Werken von Lyonel Feininger.

Im Bann der schönen Gräfin

Die steinerne Gräfin im Naumburger Dom hatte in Umberto Eco einen charmanten Verehrer: Dürfte er sich eine Frauenfigur der Kunstgeschichte als Gast zum Dinner aussuchen, er wählte Uta von Ballenstedt, verriet der italienische Schriftsteller in seinem Buch „Über die Schönheit" und gab der gotischen Stifterfigur damit den Vorzug vor der Venus von Milo.

Auf einem felsigen Bergrücken liegt die Ruine der Rudelsburg malerisch hoch über der Saale.

Uta und Ekkehard erwarten die Besucher im
Naumburger Dom, der für seine Steinmetzarbeiten
gerühmt wird. Naumburgs Marktplatz mit dem
Wenzelsbrunnen säumen noch alte Bürgerhäuser.

D ass die Westapsis des Naumburger Doms mit ihren zwölf Stifterfiguren etwas ganz Besonderes ist, erspürt wohl jeder Besucher. Die lebensgroßen Skulpturen von acht Männern und vier Frauen, an der Kleidung als Mitglieder des Hochadels zu erkennen, entstanden im 13. Jahrhundert, einer Zeit, die menschlichem Antlitz und Gestalt gern statische Züge verlieh. Der Naumburger Meister holte seine Skulpturen ins bewegte Leben. Die schöne Uta blickt mit kühler, doch neugieriger Distanz über ihren hochgeschlagenen Kragen, ihr Gatte Ekkehard scheint jemandem kritisch zu lauschen. Ihnen gegenüber stehen Regilindis und Herrmann: Sie offen, lachend, er zaudernd, skeptisch. Der Bildhauer hat sie und die übrigen acht Skulpturen von der Starre des Steins befreit.

Viel wurde und wird spekuliert über die Identität des „Naumburger Meisters". Seinen Weg von Dombauhütte zu Dombauhütte können die Kunsthistoriker von den Kathedralen der französischen Île de France über Mainz bis nach Sachsen-Anhalt verfolgen – überall fällt sein geniales Talent und die außerordentliche Lebendigkeit seiner Arbeiten auf. Der Westchor des Naumburger Doms mit dem in unzählige, filigran bewegte Einzelszenen zerfallenden Westlettner gilt als sein Meisterstück.

Geballtes Mittelalter

Naumburg, Zeitz und Merseburg bilden ein kulturhistorisches Dreieck mit Wurzeln im 10. Jahrhundert. Otto der Große gründete die drei Bistümer in Erfüllung eines Gelübdes. In den folgenden Jahrhunderten entwickelten sich um die damals im Grenzgebiet zu den Slawen liegenden Bischofssitze wohlhabende Handelssiedlungen, die ein selbstbewusster Adel verwaltete. Er manifestierte seine Unabhängigkeit gegenüber dem König nicht zuletzt durch den Auftrag für die zwölf Stifter im Dom zu Naumburg. Neben den drei großen Städten mit ihren Domkirchen, Kloster- und

Östlich Querfurt ist bei Langeneichstädt die „Dolmengöttin", ein Menhir, zu finden.

Vor bald 7000 Jahren stand in Goseck ein Sonnenobservatorium. Die Rekonstruktion ist jederzeit zu besichtigen.

Bis ins 16. Jahrhundert reicht die Tradition der Landesschule Pforta zurück – noch heute ist in dem ehemaligen Zisterzienserkloster ein Internat untergebracht.

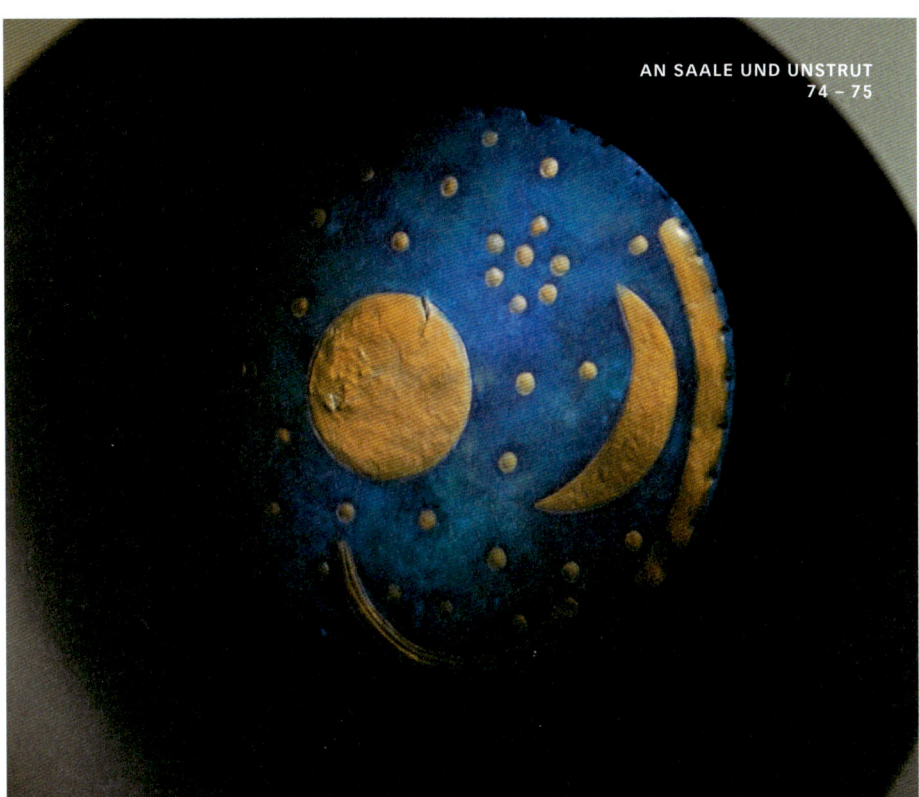

Im Besucherzentrum Arche Nebra ist diese Replik der Himmelsscheibe von Nebra zu sehen.
Das Original wird im Landesmuseum für Vorgeschichte in Halle aufbewahrt.

Zeugnisse der Vor- und Frühgeschichte blieben überall in der Region erlebbar und werden im Landesmuseum in Halle dokumentiert.

Schlossanlagen findet sich in diesem relativ kleinen Gebiet zwischen Weißer Elster und Saale eine Vielzahl von Zeugnissen aus dem Hochmittelalter: vom Romanischen Haus in Bad Kösen über die um dieselbe Zeit entstandenen Festen Schönburg und Rudelsburg hoch über dem Saaletal bis hin zum Kloster Pforta. In Naumburg lässt sich die Anlage der mittelalterlichen Bürgerstadt und der gegen sie abgegrenzten „Domfreiheit" wie aus dem Lehrbuch nachvollziehen.

Den „Kleine Saale" genannten Kanal von Kösen nach Naumburg und das dazu gehörige Wehr legten die Zisterzienser von Kloster Pforta im 12. und 13. Jahrhundert an, um sich eine unabhängige Wasserversorgung zu sichern. Sie forcierten auch den Weinbau an den terrassierten Hängen oberhalb der Saale, dessen Wurzeln ins 10. Jahrhundert zurückreichen. Es gibt also viele Argumente für die Bewerbung der Region als UNESCO-Welterbe. Sollte es klappen, besäße Sachsen-Anhalt auf seinen rund 20 000 Quadratkilometern fünf Welterbestätten – ein Rekord.

Auf Max Klingers Spuren

Ein Rekord, der auch den Tourismus beflügeln könnte im südlichen Sachsen-Anhalt, das neben seinen Städten auch so reizvolle Kulturlandschaften besitzt wie das Saale-Unstrut-Tal. In der von Weinbergterrassen, romantischen Weinberghäuschen, Fachwerkstädtchen und trutzigen Burgen geprägten Region möchte man, ganz gleich ob man nun ein Weinliebhaber ist oder nicht, einfach nur genießen, spazierengehen, Rad fahren und den lieben Gott einen guten Mann sein lassen. Dass ausgerechnet Turnvater Jahn im idyllischen Freyburg an der Unstrut seine gestrenge Körperertüchtigung propagierte, mag man angesichts der lieblichen Umgebung gar nicht nachvollziehen. Verstehen kann man hingegen den symbolistischen Maler und Bildhauer Max Klinger, der 1903 in bester Sonnenlage ein von Reben umgebenes Domizil am „Großjenaer Blütengrund" erwarb und hier bis zu seinem Tod 1920 sehr kreativ war. Übrigens: Einige der alten Weinberghäuschen werden auch vermietet – einer Karriere als Künstler oder einfach nur geruhsamen Ferientagen steht also nichts im Wege!

Sonne, Mond und Sterne

21. Juni, 1600 vor Christus: Feierlich legt der Priester die Bronzescheibe mit den goldenen Symbolen auf dem Mittelberg ab und richtet sie auf den Brocken aus. Er weiß: Zur Sommersonnenwende geht

Über der Saale ragen hinter der Neumarktbrücke Dom und Schloss von Merseburg auf. Aus den Residenzzeiten der Naumburger Bischöfe stammt der detailreich ausgestattete Zeitzer Dom. Mittelalterliche Festungsbaukunst spiegelt die Burg von Querfurt.

Aus dem späten 18. Jahrhundert stammen die barocken Kuranlagen, die Bad Lauchstädts Heilquelle umgeben.

Die Unstrut ist, sicher nicht zu Unrecht, ein beliebtes Wassersportrevier – hier am
Stauwehr von Freyburg unterhalb der mächtigen Neuenburg.

die Sonne hinter dem markanten Berg unter. Diese exakte Positionierung verwandelt die Scheibe in einen Kalender. Der Priester kann den Frühlingsanfang und den Beginn der Aussaat bestimmen sowie den Herbstanfang und die Ernte. Das jedenfalls ist eine Deutung der Verwendung der berühmten Himmelsscheibe von Nebra.

Von Raubgräbern 1999 entdeckt und nach dreijähriger Irrfahrt in Besitz des Landes Sachsen-Anhalt gelangt, wird das wertvolle Stück aus der Bronzezeit nun im Landesmuseum für Vogeschichte zu Halle gezeigt. In der „Arche Nebra" am Fundort Mittelberg nähern sich ihr die Besucher in einer ansprechenden

Ausstellung. Das 32 Zentimeter Durchmesser große und mit Goldblech-Applikationen versehene Kunstwerk spiegelt einen kulturellen Entwicklungsprozess: Zu der ursprünglichen Gestaltung mit Voll- und Sichelmond sowie dem Siebengestirn Plejaden gesellten sich in einer zweiten Bearbeitungsphase links und rechts Horizontbögen für die Bestimmung von Sonnenauf- und -untergangszeiten. Dann kam unten eine „Sonnenbarke" hinzu, was auf kultische Verwendung hinweist. Die Wissenschaft ist sich einig, dass mit diesem in Mitteleuropa hergestellten Stück die älteste bislang gefundene Himmelsdarstellung der Menschheit entdeckt wurde.

WEINBAU AN SAALE UND UNSTRUT

Edelacker oder Hohe Gräte?

Deutschlands nördlichstes Anbaugebiet von Qualitätsweinen reagiert empfindlich auf Wetterkapriolen. Dem Jahrgang 2015 setzten zunächst Trockenheit, später dann Hagel und sogar Schnee zu. Trotzdem konnten die Winzer vermelden: Der Jungwein ist fruchtbetont mit harmonischem Säurespiel – kurzum perfekt!

Bei Weinkennern von Nah und Fern bekannt: Herzoglicher Weinberg bei Freyburg

Auf und Ab ist den Weinbauern an den steilen Hängen des Unstrut-Tals nichts Neues. Seit der Pflanzung erster Rebstöcke im 10. Jahrhundert hat das Weinbaugebiet eine wechselhafte Geschichte erlebt, von der Großproduktion bis zum fast vollständigen Aus. In der DDR galten die guten Tropfen aus der Gegend um Naumburg und Freyburg als „Bückware" – sie waren nur unter dem Ladentisch zu haben, weil das 400 Hektar kleine Anbaugebiet zu wenig produzierte. Heute erbringen 630 Hektar rund 55 000 Hektoliter – gegenüber 9 000 000 in ganz Deutschland –, vorausgesetzt, das Wetter spielt mit.

Trias-Kalke und Terroir
Die Böden, auf denen die Saale-Unstrut-Weine gedeihen, wurden vor etwa 220 Millionen Jahren im Trias durch Ablagerungen von Muschelkalk, Buntsandstein und Keuper gebildet. Ähnliche Bedingungen finden sich in Deutschland nur noch an der

Mosel, deren Hänge ebenfalls hochklassige Weine tragen. Besondere Voraussetzungen in Boden, Klima, Wasserhaushalt müssen erfüllt sein, um einen Wein mit dem Begriff Terroir zu edeln. An Saale und Unstrut sind dies karge Böden, teilweise bis zu 45 Grad steile, nach Süden gerichtete Hänge, die nördliche Lage und der Regenschatten des Harzes, der für geringe Niederschläge verantwortlich ist.

Als Große Gewächse im Sinne des französischen Begriffs Terroir gelten hier Riesling, Silvaner und Weißburgunder, die auf den „Ersten Lagen",

dem Edelacker bei Freyburg und auf der Hohen Gräte bei Karsdorf gezogen werden.

Kulturlandschaft des Weins
Eine Tour auf der Weinstraße durchs Saale-Unstrut-Gebiet ist nicht nur ein Vergnügen für Weinfreunde, sondern reizt alle Sinne. Die Landschaft vor allem entlang der Unstrut mit den steil geneigten und mittels Trockenmauern terrassierten Hängen und den zwischen Reben hervorlugenden Weinberghäuschen ist einfach idyllisch; vielerorts laden Straußenwirtschaften zur Einkehr bei

Oben: Das Landesweingut Kloster
Pforta unterhält im Torhaus
des ehemaligen Klosters eine
ansprechend gestaltete Vinothek.

Links: Der Herzogliche Weinberg in
Freyburg mit seinem Weinberghaus,
das mit einer Rokoko-Innenausstat-
tung aufwarten kann.

jungem Wein und herzhafter Vesper.
Am Herzöglichen Weinberg bei Freyburg entführen ein Weinberghaus
aus dem 18. Jahrhundert und nach
historischem Vorbild gepflanzte Reben in die Geschichte des Weinbaus.
Und allerorten stehen die Tore der
Winzerbetriebe Besuchern zur Ver-
kostung offen.

Einer mit knapp 850-jähriger Tradition ist das Landesweingut Kloster
Pforta mit Sitz in Saalhäuser. Die
größte Kellerei der Saale-Unstrut-
Region hat während der DDR-Zeit
als volkseigener Betrieb nicht unbedingt auf höchste Qualität achten

Mit rund 1600 Sonnenstunden pro Jahr werden die Trauben von Saale und Unstrut mit mehr Wärme verwöhnt als die an der Mosel.

Zum alljährlichen
Winzerfest Freyburgs im
September gehört ein
historischer Festumzug.

können. Heute engagiert sie sich aber neben der Pflege von Weiß- und Grauburgunder, Müller-Thurgau und Riesling im Ausbau vergessener Sorten wie dem Blauen Silvaner.

Auch das Weingut von Uwe Lützkendorf wenige hundert Meter entfernt ist ein Traditionsbetrieb, der die DDR-Ära als Teil einer Genossenschaft überstand. Lützkendorfs Vater arbeitete bis 1989 als Leiter des Weinguts Pforta und kehrte nach der Wende auf sein altes Land zurück. Mit Bestnoten macht auch Bernhard Pawis auf sich aufmerksam, dessen Vater erst 1990 als Hobby-Winzer mit einem halben Hektar startete.

Über Geschmack lässt sich streiten

Viele Winzer der Saale-Unstrut-Region stehen beim Ausbau vor einem Geschmacks-Problem: Weine, die von Gourmet-Päpsten beachtet werden, sind zumeist trocken. Das Publikum, besonders jenes in der DDR sozialisierte, zieht aber liebliche Weine vor. Denn Wein, der für Normalbürger erhältlich war, stammte vorrangig aus Südosteuropa und war daher „süß". So bildete sich ein Weingeschmack aus, der bis heute lieblichen Tropfen den Vorzug gibt. Dem Winzer bleibt also nur die Quadratur des Kreises.

Fakten

....

Landesweingut Kloster Pforta, Saalhäuser, 06628 Bad Kösen, Tel. 034463 3000, www.kloster-pforta.de
Weingut Uwe Lützkendorf, Saalberge 31, 06628 Bad Kösen, Tel. 034463 61000, www.weingut-luetzkendorf.de; Gutsausschank tgl. geöffnet
Weingut Pawis, Auf dem Gut 2, 06632 Zscheiplitz, Tel. 034464 28315, www.weingut-pawis.de; Mo.–Fr. 10.00–12.00, 13.00–18.00, Sa. 10.00–12.00, 14.00–18.00, So. 10.00–12.00 Uhr
Herzöglicher Weinberg, Mühlstraße 23, 06632 Freyburg, Tel. 034464 66431, www.herzoglicher-weinberg.de; Sa. und So. 14.00–17.00 Uhr

Die €€ **Weingalerie am Schweigenberg** liegt herrlich über der Unstrut. Es gibt leckere Kleinigkeiten, köstlichen Wein und ein kleines Weinberghaus zu mieten (Schweigenberge 2, 06632 Freyburg, Tel. 034464 28914, www.weingalerie -schweigenberg.de; April–Okt. Fr.–So. 11.00–20.00 Uhr).

Freyburg ist das Zentrum
des Weinbaugebietes
Saale-Unstrut und
demonstriert dies
ausgiebig beim
alljährlichen Winzerfest.

Auf Himmelswegen zu herrlichen Tropfen

Mittelalter auf Schritt und Tritt, die stein- und bronzezeitlichen Fundstellen und das weinselige Saale-Unstrut-Tal – diese Region hat viele Facetten. Unter Kaiser Otto I. (10. Jh.) wurde das von Slawen besiedelte Gebiet mit Klöstern und Städten befestigt, und unter kursächsischer Ägide war die Region den Plünderungen des Dreißigjährigen Krieges ausgesetzt. Danach gelangte sie nicht mehr zum einstigen Wohlstand.

❶ Zeitz

An der Saalestadt (24 000 Einw.) sind die blühenden Landschaften der Nachwendezeit vorbeigerauscht. Im 11. Jh. war dies anders: Zeitz, das sorbische Citice, war Warenumschlagplatz am Kreuzungspunkt von Salz- und Handelsstraßen, kurze Zeit Bistum und schließlich Residenz der Bischöfe von Naumburg. Trotz Industrialisierung im 19. Jh. präsentiert Zeitz ein hübsches historisches Bild rund um den Markt und an der Saale mit Dom und Moritzburg.

SEHENSWERT
Den **Altmarkt** dominieren das im 16. Jh. errichtete Rathaus und die klassizistische Bürgerschule sowie einige Häuser aus dem 16. Jh. Am **Neumarkt** in der Oberstadt fängt die urspr. romanische **Kirche St. Michael** die Blicke ein. Das zur Handelsblüte angelegte, 9 km lange und 10 m tief liegende Netz von Gängen unter der Altstadt diente wahrscheinlich der Lagerung von Lebensmitteln. Instandgesetzt, kann das **unterirdische Zeitz** erforscht werden (Altmarkt 21, Tel. 03441 21 27 22, www.unterirdi

Tipp

Kösener Plüschtier-Welt

Die Kösener Spielzeug Manufaktur fertigt Stofftiere, die wirklich lebensecht aussehen. Zudem produziert Kösen Tiere, die man von anderen Herstellern nicht kennt – wie Saatkrähe und Wiesel. Zu besichtigen (und kaufen) in der Kösener Erlebniswelt im Hotel Mutiger Ritter.

Kösener Erlebniswelt (Hotel Mutiger Ritter), Rudolf-Breitscheid-Str. 2, 06628 Bad Kösen, Tel. 034463 63 70, www.mutiger-ritter.de, Mo.–Fr. 10.00–18.00, Sa. 10.00–16.00, So. 11.00–16.00 Uhr

sches-zeitz.de; März–Okt. Di., Do. 10.00–15.00, Sa./So. 10.00–16.00 Uhr). Der St. Peter und Paul geweihte **Dom** stammt in seiner gegenwärtigen Gestalt aus der Hochgotik und hat barocke Ausstattungsdetails. Das barocke **Schloss Moritzburg** ließ Herzog Moritz Ende des 17. Jhs. errichten. Sehenswert sind die Tafelstube mit Kassettendecke und die Ausstellung historischer Möbel von Renaissance bis Biedermeier. Die Sammlung historischer Kinderwagen umfasst über 600 Exponate (Schlossstraße 6, Tel. 03441 21 25 46, www.zeitz.de; Di.–So. 10.00–18.00 Uhr, Nov.–März 10.00–16.00 Uhr).

RESTAURANT
In historischen Gewölben oder im Schlosshof kommt gute regionale und internationale Küche auf die Tische des € € € **Schloss-Restaurants Moritzburg** (Schlossstraße 6, Tel. 03441 688 99 27, www.moritzburg-zeitz.de).

INFORMATION
Zeitz-Information, Altmarkt 16, 06712 Zeitz, Tel. 03441 688 99 27, www.zeitz.de

❷ Bad Kösen

Aus einem Hofgut des Klosters Pforta entwickelte sich das schmucke Kurbad (3600 Einw.) an der Saale. 1730 brachte die Salzproduktion den Aufschwung. 100 Jahre später setzte man auf die Heilkraft der Solequellen.

SEHENSWERT
Die **Saline** wurde im 18. Jh. ausgebaut. An höchster Stelle des Bergrückens steht das Gradierwerk, 325 m lang, 15 m hoch und aus 200 000 Schwarzdornbündeln errichtet. Ein im Tal von einem Wasserrad in der Kleinen Saale angetriebenes, ca. 200 m langes Doppelfeldgestänge (1780) pumpt Sole vom Grund des Borlachschachtes zum Gradierwerk, wo sie über die Schwarzdornbüsche rieselt und durch Verdunstung so hochprozentig wird, dass die Versiedung in Pfannen weniger Energie verbraucht (März–Okt., im Borlachschacht tgl. 13.00–17.00 Uhr, Führungen Mi. 16.00 Uhr, Anmeldung in der Tourist-Information).

Die Ruinen Saaleck und Rudelsburg hoch über dem Saaletal

MUSEUM
Das **Romanische Haus** (11./12. Jh.) war urspr. Wirtschaftshof des Klosters Pforta. Heute ist hier das **Heimatmuseum** mit einer Ausstellung von Puppen der Puppengestalterin Käthe Kruse (1883–1968), die 1912–1950 in Bad Kösen arbeitete und dann in den Westen ging (Am Kunstgestänge, Tel. 034463 276 68; April–Okt. Di.–So. 10.00–17.00, sonst 10.00–16.00 Uhr).

AKTIVITÄT
Ein reizvoller **Spaziergang TOPZIEL** führt in rund eineinhalb Std. vom Gradierwerk in Bad Kösen saaleaufwärts zu Rudelsburg und Burg Saaleck. Den Rückweg kann eine Saaleschifffahrt versüßen (Fahrzeiten bei Bad Kösener Personenschifffahrt, Tel. 034463 289 85 und http://saaleschifffahrt.com).

HOTEL UND RESTAURANT
Das € € **Hotel Mutiger Ritter** verbindet modernen Komfort mit romantischem Ambiente und kulinarischen Erlebnissen im „Ritterkeller" (Rudolf-Breitscheid-Str. 2, 06628 Bad Kösen, Tel. 034463 63 70, www.mutiger-ritter.de).

Speisen in romantischer Kulisse bietet das € € € Burgrestaurant Rudelsburg. Die Speisekarte enthält Bewährtes wie Schweinebraten und Gulasch (Am Burgberg 33, Tel. 034463 273 25, www.rudelsburg.com).

UMGEBUNG

Kloster Pforta, eine von Mauern umgebene, riesige Anlage, wirkt wie eine Festung. Die Zisterzienser begannen 1137 mit der Kultivierung des Sumpfgebietes an der Saale. Im 13. Jh. wurde die romanische Basilika gotisch umgebaut, 1543 das Kloster aufgehoben und in eine Schule umgewandelt, an der berühmte Köpfe wie Friedrich Nietzsche und Johann Gottlieb Fichte ihre Ausbildung erhielten. Bis heute ist die Landesschule Pforta ein Internat.
Die „Kösener Pforte", die Talenge südl. von Bad Kösen, deren Muschelkalkfelsen 95 m hoch über die Saale aufragen, wurde ab dem 12. Jh. von zwei Burgen bewacht, die nach dem Dreißigjährigen Krieg verfielen. Von **Saaleck** stehen noch zwei dekorative Türme; die **Rudelsburg,** Mitte des 19. Jhs. Wallfahrtsort der Burschenschafter, hatte man bereits damals als Gaststätte genutzt, sie ist in weit besserem Zustand. Franz Kugler dichtete 1826 hier „An der Saale hellem Strande …".

INFORMATION

Tourist-Information, Naumburger Straße 13b, 06628 Bad Kösen, Tel. 03445 27 31 24, www.badkoesen-heilbad.de

❸ Naumburg

Die einstige Siedlung der um 1000 errichteten „Nuwenburg" zählt mit ihrer gut erhaltenen Altstadt und dem Dom zu den reizvollsten Zielen der Region (35 000 Einw.).

SEHENSWERT

Häuser mit gotischem Maßwerk und Renaissancegiebeln säumen den **Markt.** Auffälliger Schmuck des im 16. Jh. erbauten **Rathauses** ist das farbenfrohe Portal. Mit hohem Turm und

Tipp

Genuss am Markt

....

Das kleine, feine Hotel Unstruttal am Freyburger Markt ist seit dem 17. Jh. als Ausspann bezeugt. Im Inneren herrscht wohlige Gastlichkeit, sowohl in den geschmackvoll und komfortabel gestalteten Zimmern als auch im Restaurant, dessen anspruchsvolle Regionalküche zu Recht in höchsten Tönen gelobt wird.

€€€ Hotel Unstruttal, Markt 11, 06632 Freyburg/Unstrut, Tel. 034464 70 70, www.unstruttal.info

barocker Kappe dominiert die **Stadtkirche St. Wenzel** die Altstadt. Ihr Inneres schmückt sich mit kostbaren Gemälden, darunter Werken Lucas Cranachs d. Ä. Das **Stadtmuseum** ist im **Haus Hohe Lilie** (16. Jh.) untergebracht (Markt 18, Tel. 03445/70 35 03, http://mv-naumburg. de; tgl. 10.00–17.00 Uhr).
Der **Dom St. Peter und Paul** TOPZIEL ist mit seinen vier Türmen Blickfang der Stadt. Romanik bis Barock zeigt sein Äußeres. Innen wirkt das Mittelschiff wie gepresst zwischen Ost- und Westlettner, die zum jeweiligen Chor überleiten. Der Westlettner und der Chor dahinter wurden vom „Naumburger Meister" Mitte des 13. Jhs. in früher Gotik errichtet (u. a. Stifterfiguren). Auch ein Blick in die nördl. Kapelle des Westturms mit von Neo Rauch entworfenen rot-weißen Glasfenstern lohnt. Besuchenswert ist auch das **Domschatzgewölbe** mit sakralen Kostbarkeiten (www.vereinigtedom stifter.de; März–Okt. Mo.–Sa. 9.00–18.00, So. 11.00–18.00, sonst Mo.–Sa. 10.00–16.00, So. 12.00–16.00 Uhr. Empfehlenswert ist eine Audio-Führung).

HOTEL UND RESTAURANT

Das komfortable, zentrale Altstadthotel € € € **Zur Alten Schmiede** verfügt über moderne Zimmer (Lindenring 36, 06618 Naumburg, Tel. 03445 26 10 80, http://ck-darmstadt-hotels.de).
Der € € **Ratskeller Naumburg** ist die Traditionsadresse für gute mitteldeutsche Küche und betreibt eine eigene Brauerei (Markt 1, 06618 Naumburg, Tel. 03445/261 63 97, www.rats keller-brauhaus.de).

VERANSTALTUNG

Am letzten Juni-Wochenende, zur Zeit der Süßkirschenernte, erinnert Naumburg mit dem **Hussiten-Kirschfest** an eine im Jahr 1432 glimpflich verlaufene Episode. Zum Volksfest gehören Festumzug, altes Handwerk, Gaukler und Musik.

UMGEBUNG

Die romanische Burganlage **Goseck** (nordöstl.) dient heute als Informationszentrum des 7000 Jahre alten Sonnenobservatoriums, das in den 1990er-Jahren unweit des Ortes ausgegraben wurde. Diese Kreisgrabenanlage mit einem Durchmesser von 75 m war wohl auch Kult- und Gerichtsplatz (Burgstraße 53, 0667 Goseck, Tel. 03443 20 05 61, www.sonnenobservatorium -goseck. info; Infozentrum April–Okt. Di.–So. 10.00–18.00 Uhr, Observatorium ist frei zugänglich).

INFORMATION

Tourist-Information, Markt 6, 06618 Naumburg, Tel. 03445 27 31 25, www.naumburg.de

Saalefähre bei Freyburg. Das Marientor in Naumburg ist das einzige erhaltene Stadttor der Stadt.

❹ Freyburg

Seit 1200 ist das Städtchen (5000 Einw.) verbürgt. Heute prägen Weinbau und Tourismus die Wirtschaft. „Turnvater" Friedrich Ludwig Jahn (1778–1852) lebte ab 1825 in Freyburg.

SEHENSWERT

Fachwerk und einige schlichte Renaissancebauten säumen den **Markt.** Erstaunlich groß für eine so kleine Ansiedlung wirkt die **Stadtkirche St. Marien;** in der Spätromanik (13. Jh.) begonnen, besitzt sie im Westen eine romanische Paradiesvorhalle.

MUSEEN

Jahns Wohnhaus wurde zum Museum umgestaltet (Schlossstraße 11, Tel. 034464 274 26, www.jahn-museum.de; April–Okt. Di.–So. 10.00 bis 17.00, sonst Di.–So. 10.00–16.00 Uhr).
Der Aufstieg zur mächtigen **Neuenburg** (Urspr. um 1090, 12./13. Jh.), urspr. wichtiger Sitz der Thüringer Landgrafen und heute Museum mit architektonischen Zeugnissen der Romanik und zum Thema Wein, belohnt mit einem herrlichen Blick über das Unstruttal (Museum Schloss Neuenburg, Schloss 1, Tel. 034464 355 30, www.schloss-neuenburg.de; April bis Okt. tgl. 10.00–18.00, sonst Di.–So. 10.00 bis 17.00 Uhr).

Das Kapitelhaus des Merseburger Doms zeigt den Domschatz, zu dem die berühmten „Merseburger Zaubersprüche" (10. Jh.) gehören.

UMGEBUNG

Das Unstrut-Tal ist ein Zentrum des Weinbaus (s. S. 78f). Die **Arche Nebra** (25 km nordw.), das Besucherzentrum etwas unterhalb des Fundortes der Himmelsscheibe, erläutert die Hintergründe. Ein Bus bringt Besucher zum „Himmelsauge" auf dem Mittelberg (An der Steinklöbe 16, 06642 Nebra, Tel. 034461 255 20, www.himmelsscheibe-erleben.de; April–Okt. tgl. 10.00–18.00, sonst Di.–Fr. 10.00–16.00, Sa., So. und Fei. 10.00–17.00 Uhr).

Die Burg von Querfurt (25 km nordw.) war bereits frühzeitlicher Siedlungsplatz und gilt als eine der größten, überwiegend mittelalterlichen Burgen (10.–17. Jh.) in Deutschland (Tel. 034771 521 90, www.burg-querfurt.de; Di.–So. April–Okt. 10.00–18.00, sonst 10.00–16.00 Uhr).

INFORMATION

Freyburger Fremdenverkehrsverein, Markt 2, 06632 Freyburg, Tel. 034464 272 60, www.freyburg-tourismus.de

 Merseburg

Auf der ottonischen Kaiserpfalz des 10. Jhs. fußte Merseburgs mittelalterliche Bedeutung (heute 35 000 Einw.). Die Industrialisierung im 20. Jh. hatte den Braunkohleabbau der Region und Chemiefabriken (Leuna-Werke) zur Grundlage. Den Bombardements im Zweiten Weltkrieg fielen weite Teile der Altstadt zum Opfer.

SEHENSWERT

Fünf Türme und die Staffelgiebel des Doms überragen die Altstadt an der Saale. Ihre zur „Domburg" zusammengewachsenen Bauten bilden ein faszinierendes Konglomerat. Man betritt den **Dom St. Johannes und St. Laurentius TOPZIEL** (um 1015–16. Jh.) durch eine gotische Vorhalle mit dem Epitaph des Ritters von Hagen, das dem „Naumburger Meister" zugeschrieben wird. Das Kapitelhaus zeigt den Domschatz, zu dessen kostbarsten Exponaten die berühmten „Merseburger Zaubersprüche" (10. Jh.) gehören, in Althochdeutsch und mit nichtchristlichem Inhalt (Domplatz 7, Tel. 03461 21 00 45, www.merseburger-dom.de; März–Okt. Mo.–Sa. 9.00–18.00, So. 12.00–18.00, sonst Mo.–Sa. 9.00–16.00, So. 12.00–16.00 Uhr).

MUSEEN

Zur „Domburg" zählt auch das Renaissance-**Schloss** (15. und 17. Jh.) samt Schlossgarten, heute **Kulturhistorisches Museum** (Domplatz 9, Tel. 03461 40 13 18; März–Okt. tgl. 9.00 bis 18.00, sonst tgl. 10.00–16.00 Uhr). Das **Deutsche Chemie-Museum** ist als Technikpark der Entwicklung der mitteldeutschen Chemieregion gewidmet (Rudolf-Bahro-Straße 11, Tel. 03461/441 61 95, www.deutsches-chemie-museum.de; April–Okt. Di.–Do. 9.00–14.00, Fr. 9.00–12.00, Sa./So. 10.00–17.00 Uhr).

INFORMATION

Tourist-Information, Burgstraße 5, 06217 Merseburg, Tel. 03461 21 41 70, www.merseburg.de

---

Per Drahtesel in die Urzeit

Prähistorische Fundorte, idyllische Landschaften an Unstrut und Saale und die schönsten kulturellen Höhepunkte verbindet diese Radtour auf den „Himmelswegen".

Ausgangspunkt ist Naumburg, wo es zunächst auf einen Abstecher entlang der Landesstraße 205 nach Norden zum Sonnenobservatorium Goseck geht (10 km). Zurück fährt man dann in Naumburg/Henne auf dem Unstrut-Radweg weiter: Bereits nach 2 km wartet an der Mündung der Unstrut in die Saale am Blütengrund ein Gartenlokal. Wenn die Waden nicht krampfen, lohnen die 6 km bis Freyburg. Nach einer Erfrischung in Freyburg geht es vorbei an Schleusen und Mühlen über Laucha nach Nebra (27 km). Von der Ortsmitte sind es 4 km zum Besucherzentrum „Arche Nebra" und ein Stück Fußweg zum Fundort der Himmelsscheibe auf dem Mittelberg.

Nach der Übernachtung in Nebra steht die „Dolmengöttin" von Langeneichstädt an: 17 km auf den Landesstraßen 212 und 177 bringen einen über Karsdorf zum 5500 Jahre alten Großsteingrab, wo ein 176 cm hoher Menhir seltsame Ritzzeichnungen trägt. Auf der Landesstraße 163 ostwärts erreicht man nach 21 km Merseburg und von dort per Bahn Halle. In Halles Museum für Vorgeschichte ist das Original der Himmelsscheibe zu sehen.

Weitere Informationen

Information: Die ungefähr 100 km lange Strecke verläuft teilweise auf dem Unstrut-Radweg, teilweise auf nur wenig befahrenen Nebenstraßen und besitzt kaum nennenswerte Steigungen. Es ist sinnvoll, die Tour in zwei Tagesetappen (60 und 38 km) aufzuteilen und in Nebra eine Übernachtungspause einzulegen. Zum Ausgangspunkt Naumburg und vom Endpunkt Merseburg bestehen Bahnverbindungen nach Halle.

Unterkunft: Komfort und Wellness vereint das € € € „Schlosshotel Himmelsscheibe" oder der Neubau nebenan (Schlosshof 4-5, 06642 Nebra, Tel. 034461 252 18, www. travdo-hotels.de).

Die Fahrradstrecke von Naumburg nach Merseburg bietet neben interessanten kulturellen Highlights auch viele landschaftlich schöne Abschnitte.

Aufbruch an der Elbe

Eine Stadt als Brautgeschenk: Romantischer kann Geschichte nicht beginnen, und mit sehr viel kaiserlichem Glanz setzte sie sich fort – das dritte Rom nannte man Magdeburg im 10. Jahrhundert. Bis heute liegt etwas Abwesendes um die von viel Grün umgebene sachsen-anhaltinische Metropole an der Elbe, so als träumte sie immer noch von den Minneliedern ihrer Jugend.

Die Magdeburger St.-Johannis-Kirche dient heute als Veranstaltungsraum und wartet im Südturm mit einer beliebten Aussichtsplattform auf.

Jenseits der Elbe die Magdeburger Innenstadt mit ihrem alles überragenden Dom und dem ebenfalls doppeltürmigen ehemaligen Kloster Unser Lieben Frauen

Die gotischen Figuren in der Sechzehneckigen Kapelle des Magdeburger Doms stellen – so wird es zumindest (wahrscheinlich fälschlich) behauptet – Otto den Großen und seine erste Frau Editha dar.

Ist es wirklich Otto? Der Magdeburger Reiter vor dem Rathaus

Dem Souverän ein Schloss: Der Landtag von Sachsen-Anhalt residiert am Domplatz in einem nach alten Vorbildern wiedererrichteten Barockbau.

In den 1200 Jahren ihrer Geschichte erlebte Magdeburg als Kaiserresidenz, Hansestadt und preußische Festung größte Blüte, aber auch Zerstörungen, die kaum einen Stein auf dem anderen ließen.

Trotz des hübschen Gründerzeitviertels rund um den Hasselbachplatz und der eindrucksvoll restaurierten Kirchen aus Romanik und Gotik – Magdeburg ist eine moderne Stadt. Am einst prunkvollen Breiten Weg sind die beiden noch erhaltenen barocken Häuser zwischen den Beton- und Glasfassaden, wobei es sich teilweise um monumentale Verirrungen aus sozialistischen Tagen handelt, kaum auszumachen. Zur Ironie der Geschichte zählt es, dass diese beiden einst zu den kleinsten Bauwerken an dieser Prachtmeile gehörten, mit der die Elbestadt die Zerstörungen und das Elend des Dreißigjährigen Krieges vergessen machen wollte.

Zu den wenigen historischen Profangebäuden, die Krieg und Sozialismus überstanden haben, gehört auch die barocke Umbauung des Domplatzes, heute Sitz der Landesregierung. Angelegt vom durch und durch preußisch gesinnten „Alten Dessauer", der in seiner „Festung Magdeburg" – eine zu dieser Zeit im ganzen Königreich ihresgleichen suchende massive Verteidigungsarchitektur – ein passendes repräsentatives Exerzierfeld haben wollte, wirkt der Platz selbst gemessen am monumentalen Dom völlig überdimensioniert. Aber die Freifläche hatte auch ihr Gutes: Hier konnte von Archäologen ungehindert gegraben

werden, und so entdeckte man seit 1958 immer neue Kirchenfundamente, Verteidigungsgräben, Grabstätten und noch nicht eindeutig identifizierte Bauten, die den Wissenschaftlern einen Blick in das Magdeburg vor dem Jahr 1000 ermöglichen.

An den Ufern der Elbe

Eine Siedlung gab es seit mindestens dem 9. Jahrhundert. Der ostfränkische König Otto I. mochte den Ort an der Elbe, an deren gegenüberliegendem Ufer slawisches Gebiet begann. Als er 929 die englische Prinzessin Editha heiratete, gab er ihr Magdeburg als Morgengabe. 937 gründete er ein Benediktinerkloster, dessen Aufgabe die Missionierung der Heiden jenseits des Flusses war, und ab 955 baute er dessen Kirche zur Kathedrale aus, denn er erwartete Magdeburgs Erhebung zum Erzbistum. Als die Synode 968 diesem Wunsch nachkam, war Otto I. bereits in Rom gesalbter Kaiser des Heiligen Römischen Reiches und wurde wegen seines politischen und Feldherrngeschicks anerkennend „der Große" genannt.

Otto ist überall

Nirgendwo ist das Erbe des Kaisers so lebendig, keine andere deutsche Stadt fühlt sich ihm so verbunden wie Mag-

Vom Alten Markt geht der Blick zur wiederaufgebauten Johanniskirche,
in der einst Luthers Predigt die Menschen aufwühlte.

Der österreichische Künstler Friedensreich Hundertwasser nannte seinen
Entwurf für die Elbestadt die Grüne Zitadelle von Magdeburg.

Von der Frühgeschichte bis zur Antike – die Ebene 1 des Magdeburger Jahrtausendturms

Vollständig aus Holz schraubt sich der Jahrtausendturm 60 Meter in die Höhe.

Otto von Guericke

Der Mann mit der Kugel

. . . .

Den Namenspatron der Magdeburger Universität kennt jeder Physik-Schüler als Erfinder der Magdeburger Halbkugeln. Doch von Guericke konnte noch viel mehr!

Als Spross einer Patrizierfamilie erhielt der 1602 in Magdeburg geborene (†1686 in Hamburg) und später in den Adelsstand erhobene Otto Guericke eine umfassende Ausbildung – er studierte u. a. Jura und Festungsbau. Letzteres kam ihm als Ratsherr Magdeburgs zur Zeit des Dreißigjährigen Krieges zugute – er organisierte die Verteidigung und trat nach der Eroberung der Stadt durch kaiserliche Truppen als Festungsbauer in den Dienst der Schweden. 1646 wurde er zu einem der vier Bürgermeister Magdeburgs gewählt und nahm an den Verhandlungen teil, die den Krieg beendeten. Seine wissenschaftliche Karriere begann Mitte des 17. Jahrhunderts mit Experimenten zu Luftdruck und Vakuum, dessen spektaku-

Otto von Guericke auf dem Alten Markt

lärstes mit den Magdeburger Halbkugeln er 1657 öffentlich vorführte. Er verschloss zwei eiserne Halbkugeln mittels einer Dichtung, pumpte die Luft ab und ließ Pferde anspannen. Den Tieren gelang es nicht, die Halbkugeln auseinanderzuziehen.

deburg. Es heißt, sie sei seine liebste Pfalz gewesen, 23 Mal habe er sich in der Stadt aufgehalten. Die Verehrung Otto des Großen setzte sofort nach seinem Tod 973 ein – der Kaiser fand im Magdeburger Dom seine letzte Ruhestätte – und manifestierte sich in mit dem Kaiserbild geprägten Münzen bis hin zu um 1200 auftauchenden Otto-Schalen mit des Kaisers Portrait. 1240 wurde der Magdeburger Reiter, eine lebensgroße Sandsteinskulptur, auf dem Alten Markt aufgestellt: Otto I., hoch zu Ross und begleitet von zwei weiblichen Pagen.

Eine Renaissance erlebte die Otto-Verehrung dann im 19. und 20. Jahrhundert. Das neue Städtische Museum erhielt einen Magdeburg-Saal mit Monumentalgemälden, die wichtige Szenen aus dem Leben des Kaisers abbilden und in dem heute auch das Original des „Magdeburger Reiters" betrachtet werden kann. Die jüngste Vereinnahmung des Kaisers betreibt aber seit einigen Jahren das Stadtmarketing: Magdeburg wird als Otto-Stadt mit eher überraschenden Slogans wie „Otto on tour", „Otto macht Kongresse" oder „Otto lädt ein" beworben.

Zentrum der Otto-Verehrung aber ist und bleibt der Dom. Als das erste, ottonische Gotteshaus 1207 einem Stadt-

Hinter dem Pferdetor beginnt der Rotehornpark, der größte Stadtpark Magdeburgs.

Magdeburgs „Golden Gate", der Herrenkrugsteg, führt vom Nonnenwerder hinüber in das Grün des Herrenkrugparks.

Hafenkonzert in Magdeburg: Schiffsbühne im „Wissenschaftshafen", der aus dem alten, nicht mehr benötigten Handelshafen der Stadt entstanden ist.

In der warmen Jahreszeit versüßt die Strandbar mit ihrem
Sandstrand am Petriförder die Sommerabende.

Wegen seiner histori-
schen Bedeutung für
die frühere Schifffahrts-
und Handelsstadt Mag-
deburg wurde der Hafen
zum Denkmalbereich
mit einer Reihe se-
henswerter Zeugen der
Industriegeschichte.

brand zum Opfer fiel, gab Erzbischof Albrecht II. einen neuen Dom in gotischem Stil, den ersten Bau dieser Art in Deutschland, in Auftrag. Es sollte über 150 Jahre dauern, bis der Dom, auch da noch nicht vollendet, 1363 geweiht werden konnte. Nochmal 150 Jahre mauerte und hämmerte die Bauhütte in Magdeburg, 1520 erhielten die Türme schließlich ihre Pyramidendächer. In den Neubau wurde das Kaisergrab Ottos aus der Vorgängerkirche integriert. Die Tumba Edithas, die ursprünglich im Moritzkloster beigesetzt worden war, kam erst zu Beginn des 16. Jahrhunderts an ihren jetzigen Ort.

Doch selbst danach scheint die Bauhütte ihre Arbeit nie wirklich eingestellt zu haben. In neuerer Zeit mussten nach dem Zweiten Weltkrieg, in dem der Dom schwer beschädigt wurde, umfangreiche Instandsetzungsarbeiten vorgenommen werden. Und auch wenn man heute den Dom besucht, ist fast immer irgendwo ein Gerüst aufgebaut, und es schleifen, pinseln und polieren Männer und Frauen am Skulpturenschmuck des Gotteshauses und dessen Fassade.

Zukunftvisionen an der Elbe

Im Mittelalter überstrahlten dank Kaisergunst und Hanseverbindungen Magdeburgs Reichtum und Kultur den Er-

denkreis, in der Neuzeit waren es dann Maschinenbau und Eisengießerei, die den Ruf der Stadt und ihrer Wirtschaft als überaus fortschrittlich festigten.

Für das 21. Jahrhundert haben die Stadtväter nun die Wissenschaft im Visier: Nördlich der Altstadt, im ehemaligen Alten Hafen, stellt Mageburg die Weichen für die Zukunft: In der farbenfrohen „Experimentellen Fabrik" forschen Wissenschaftler anwendungsorientiert zu Produkt-, Verfahrens- und Prozessinnovationen. Nebenan im Virtual Development and Training Centre des Fraunhofer Instituts arbeitet man an maßgeschneiderten Lösungen für technische Systeme, während sich das Max-Planck-Institut in seinem imposanten Neubau der Dynamik komplexer technischer Systeme widmet. An der angrenzenden Otto-von-Guericke-Universität und an den beiden anderen Magdeburger Hochschulen studieren mittlerweile rund 18 000 junge Leute, davon sind rund 40 Prozent Nicht-Magdeburger.

Angesichts der modernen Einrichtungen und der herrlichen Lage an der Elbe kommt man nicht umhin, Studenten und Wissenschaftler um ihren „Wissenschaftshafen" zu beneiden, den sie 2009 zur immerhin zweitschönsten Uni Deutschlands gewählt haben.

DUMONT THEMA

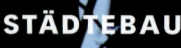

STÄDTEBAU

Zwischen Platte und Hundertwasser

Welche Bilder verbindet Deutschland mit Magdeburg? Plattenbau und Industrie? Die haben die Hauptstadt Sachsen-Anhalts lange geprägt. Seit der Wende ist Magdeburg im Wandel: Die Stadt ist moderner geworden, schicker, grüner und eindeutig konsumorientiert.

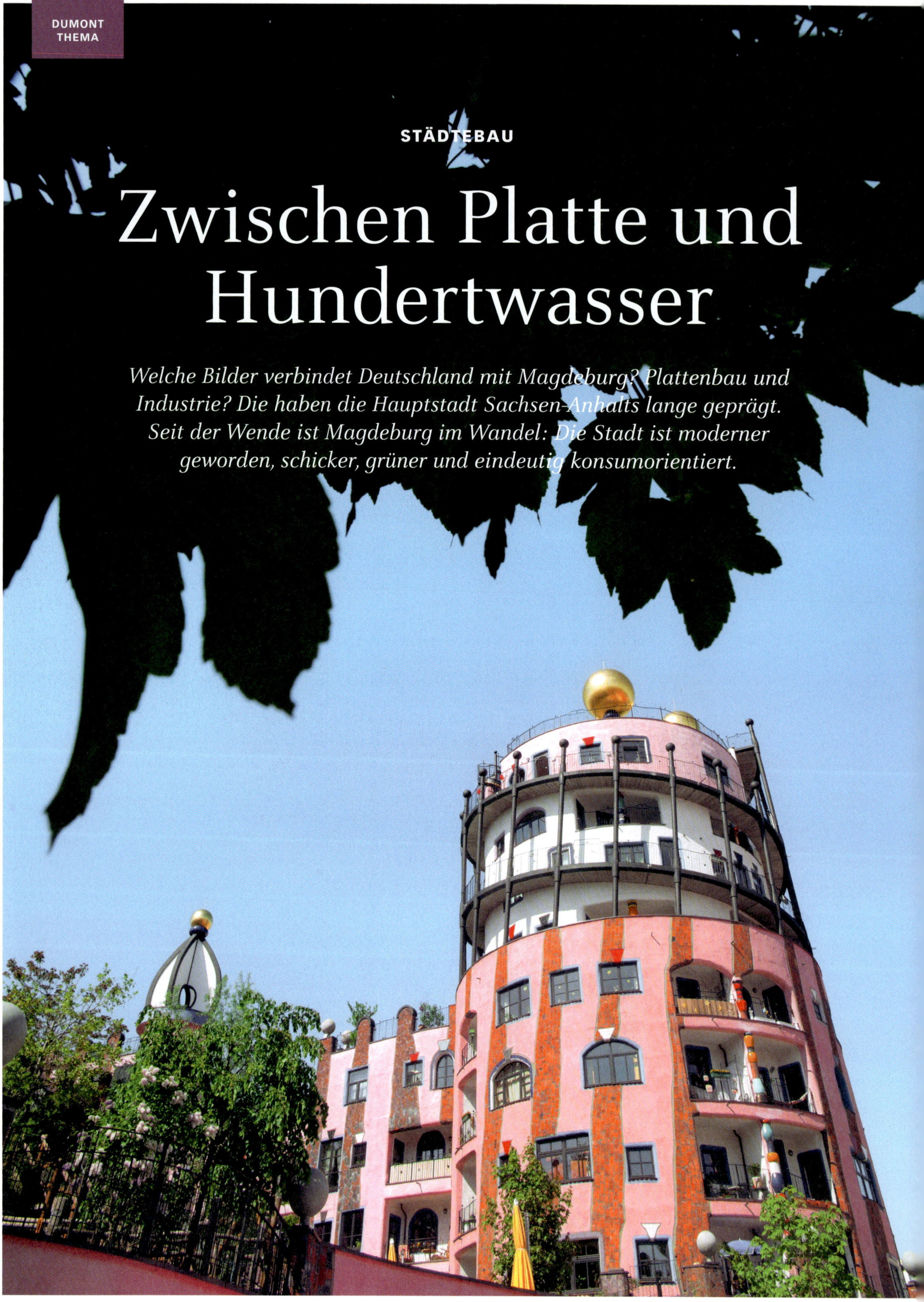

Der Bombenangriff am 16. Januar 1945 dauerte knappe 40 Minuten und zerstörte in der Altstadt 90 Prozent der Gebäude. Im zentral gesteuerten Wiederaufbau nach dem Krieg erhielt Magdeburg die höchste von vier Dringlichkeitskategorien. Schnell wurden Neubauten realisiert – aber auf Kosten großer Teile der Altstadtsubstanz, die sonst vielleicht erhalten worden wäre.

Aufbau Ost, Aufbau West

Die Innenstadt erhielt einen neuen, zentralen Platz, der vom Bahnhof bis ans Elbufer reichte und Veranstaltungen dienen sollte. Repräsentative Monumentalprojekte im stalinistischen „Zuckerbäckerstil" wie an der Ernst-Reuter-Allee und neue Wohnblöcke in Ziegel- oder Plattenbauweise etwa am Breiten Weg ersetzten Historisches. Erst in den 1960er-Jahren erkannte man die gemachten Fehler und versuchte es mit Rekonstruktion, zum Beispiel am Alten Markt, dessen Umbauung zumindest in Stil und Traufhöhe historischen Vorbildern folgt.

Das sozialistische Magdeburg war großzügig, aber auch leblos. Nach der Wende hieß die neue Devise deshalb „Verdichtung" – die riesigen Plätze und Straßen sollten kleinteiligerer Bebauung weichen und wieder Leben in der Innenstadt ermöglichen. Einkaufszentren entstanden auf dem früheren Zentralen und dem Bahnhofsplatz. Der blauschimmernde Bau der Nord-LB ersetzte am Domplatz die Platte. Das Stadtzentrum wurde zum Aushängeschild der Wende, gesäumt von Fassaden aus Glas und Beton.

Bewohnbare Kinderträume

Aber war es wirklich eine Alternative, die grauen Fronten durch gläserne zu ersetzen? Nein, befand Rolf Opitz, Vorstand der Magdeburger Wohnungsbaugenossenschaft. Er hatte eine Vision, ausgelöst durch einen Malwettbewerb, bei dem Kinder 1996 ihre „Traumhäuser" zeichneten. So eines steht jetzt rosafarben und organisch geformt mit bunten Türmchen und goldenen Kugeln geschmückt mitten zwischen den spiegelnden Palästen des Kapitals und Konsums. Opitz hatte den Architektur-Visionär Friedensreich Hundertwasser für sein Projekt gewonnen – die Magdeburger allerdings nicht. Dennoch bezogen 2005 erste Mieter die „Grüne Zitadelle". Städtebaulich setzt sie einen kreativen Akzent. Ob sie ein wirtschaftlicher Erfolg ist, wird nicht verraten.

Der Umbau der Stadt ist weitgehend gelungen, das finden auch die Magdeburger. Wie lange die Glitzerpaläste Bestand haben werden, steht auf einem anderen Papier. Magdeburg ist in Deutschland die Stadt mit dem größten Anteil von Verkaufsfläche pro Einwohner, leidet aber unter hoher Arbeitslosigkeit. Und irgendjemand muss in der schönen Shopping-Welt ja auch einkaufen!

Ganz oben: Der Magdeburger Ulrichplatz spiegelt sozialistischen Städtebau wider.

Oben: Leitermännchen lockern die Fassaden der Leiterstraße auf.

Der Aussichtsturm Rotehornpark blieb erhalten, ein Denkmal des Neuen Bauens der 1920er-Jahre.

Fakten

Besichtigung der *Grünen Zitadelle Magdeburg*:
Siedlungswerk St. Gertrud, Leibnizstraße 10,
Tel. 0391 544 56 15, www.gruene-zitadelle.de;
Führungen April–Okt. Mo.–Fr. 11.00, 15.00 und 17.00,
Sa. und So. 11.00–17.00 Uhr zu jeder vollen Stunde, sonst
Mo.–Fr. 11.00 und 15.00, Sa./So. 11.00, 13.00 und 15.00 Uhr

Landeshauptstadt an der Elbe

Die Landeshauptstadt von Sachsen-Anhalt (235 000 Einw.) breitet sich hauptsächlich am Westufer der Elbe aus; östlich des Flusses liegen kleinere Wohngebiete. Die Flussarme von Elbe und Alter Elbe umfließen die Elbinsel mit dem Stadtpark Rotehorn. Ausgehend vom Alten Markt oder vom Domplatz sind alle Sehenswürdigkeiten zu Fuß erreichbar.

● Geschichte

Im Grenzbereich von slawischen und germanischen Siedlern bestand am heutigen Domplatz bereits um 800 ein Markt. Nach der Klostergründung und dem Ausbau der Mauritiuskirche zur Kathedrale unter Kaiser Otto I. wurde Magdeburg 968 zum Erzbistum erhoben, das die Missionierung im Slawenland vorantrieb. Dank der Zollfreiheit erlebte die Stadt einen Aufschwung und wurde Ende des 13. Jhs. Mitglied der Hanse. 1524 trat der Rat der Stadt zur Reformation über und schloss sich 1531 dem protestantisch gesinnten Schmalkaldischen Bund an. Im Dreißigjährigen Krieg 1631 erobert und von kaiserlichen Truppen gnadenlos zerstört, zählte die vorher glanzvolle 30 000-Einw.-Stadt 1639 nur noch 450 Seelen. 1680 wurde Magdeburg Brandenburg unterstellt und in der ersten Hälfte des 18. Jhs. unter Fürst Leopold I. von Anhalt-Dessau zu einer mächtigen preußischen Festung ausgebaut. Im 19. Jh. entwickelte sich Magdeburg dank seiner Verkehrslage zu einem der industriellen Zentren Deutschlands. Die nachhaltigsten Folgen für das heutige Stadtbild hatten alliierte Bombenangriffe, die 1945 60 % der Stadt zerstörten. 1990 entschied sich der neu gewählte Landtag knapp für Magdeburg als Landeshauptstadt und gegen Halle.

INFORMATION
Tourist-Information, Ernst-Reuter-Allee 12, 39104 Magdeburg, Tel. 0391 63 60 14 02, www.magdeburg-tourist.de

● Sehenswert

BREITER WEG
Der **Breite Weg** ❶, Magdeburgs Haupteinkaufsstraße, galt im 18. Jh. als eine der prunkvollsten Europas. Den Zweiten Weltkrieg haben nur die Häuser Nr. 178 und 179 überstanden. Bebauung im Stil des stalinistischen Klassizismus prägt die einmündende **Ernst-Reuter-Allee**. Insgesamt bietet die extrem breit angelegte Straße heute einen interessanten Stilmix von Barock bis Postmoderne.

Gotische Pracht im Magdeburger Dom (oben). Ballett im Elbauenpark (rechts oben). Türgriff am Kloster Unser Lieben Frauen (rechts unten).

ALTER MARKT
Am **Alten Markt** ❷, unverändert der städtische Marktplatz, steht das **Alte Rathaus** als originalgetreuer Wiederaufbau des barocken Vorgängers (17./18. Jh.). Die Geschichte der Stadt hat der Bildhauer Heinrich Apel 1970 in 14 Reliefs einer Bronzetür gegossen. Der unter einem schützenden Erker verharrende, bronzene **Magdeburger Reiter** vor dem Alten Rathaus ist eine Kopie des mittelalterlichen Originals (im Kulturhistorischen Museum). Einige historische Hauszeichen konnten aus den Kriegstrümmern am Markt geborgen und an neu erbauten Häusern wieder aufgestellt werden, so „Zum Goldenen Greiff" (Alter Markt 11) und „Zum Walfisch" (Alter Markt 20). Magdeburgs ältestes Gotteshaus, die 941 erstmals erwähnte, mehrfach zerstörte und wiederaufgebaute **Johanniskirche,** dient seit der Rekonstruktion in den 1990er-Jahren als Konzertsaal und Veranstaltungsort. Das Luther-Denkmal davor erinnert an die erste Predigt des Reformators in Magdeburg, die er 1524 in dem Gotteshaus hielt. Heinrich Apel

schuf 1983 die Bronzetüren des Westportals und die beiden Skulpturen, Symbole für Krieg und Frieden. Wer die 277 Stufen auf den Südturm nicht scheut, wird mit einem herrlichen Blick aus 52 m Höhe belohnt (März–Okt. Di.–So. 10.00–18.00, sonst Di.–So. 10.00–17.00 Uhr).

DOMPLATZ
Der in der Ecke des **Domplatzes** ❺ in Sandstein nachgebildete Grundriss einer romanischen Basilika bezeichnet die Stelle, an der im 9. Jh. ein erstes Gotteshaus auf dem damaligen Markt gestanden haben soll; Fundamente einer zweiten, im 10. Jh. von König Otto I. gegründeten und dem hl. Mauritius geweihten Kirche wurden unter dem heutigen **Dom St. Mauritius und St. Katharina** TOPZIEL nachgewiesen – es haben auf dem Domhügel wohl zwei Gotteshäuser existiert, die der Stadtbrand von 1207 zerstörte. Fast 300 Jahre dauerte der Neubau. Umso faszinierender ist

der völlig einheitliche und geschlossene Eindruck des mit 120 m Länge und 32 m Höhe wirklich gigantischen Kirchenraums. Antike Säulen, gotischer Figurenschmuck, das hochgotische Chorgestühl und die wunderbare, in die Renaissance verweisende Kanzel fügen sich zu einem harmonischen Ganzen.

Unter den vielen Skulpturen verdienen die gotischen Figuren der Kirchenpatrone St. Mauritius und St. Katharina (um 1250) Beachtung: Erstmals in der europäischen Kunst ist hier ein Schwarzafrikaner abgebildet. Ebenfalls um 1250 entstand die sechzehneckige Heilig-Grab-Kapelle, in der dem Volksmund nach Otto I. und Editha als thronendes Herrscherpaar, tatsächlich aber wohl Ecclesia und Christus am Tag des Jüngsten Gerichts dargestellt sind. Im Chorumgang befinden sich u. a. die Tumba der Königin Editha und das Grab Ottos I. Den Höhepunkt des Skulpturenreigens finden Besucher außen am Portal der Paradiesvorhalle im nördlichen Querhaus: 1240–1250 entstand der „Zyklus der klugen und der törichten Jungfrauen", deren Ausdruckskraft und Bewegtheit alle Facetten von Hoffnung über Freude, Trauer bis hin zur Enttäuschung widerspiegeln.

Die **Alte Möllenvogtei** (17. Jh.) war Wohnsitz des Vogts und dient heute als Informations-Zentrum der „Straße der Romanik". Durch das angrenzende, mittelalterliche Stadttor gelangt man zum **Remtergang** mit dem um 1600 erbauten Wohn- und Fachwerkhaus des Küsters und weiter auf den **Fürstenwall**. Der „Alte Dessauer", der preußische General Leopold I. von Anhalt-Dessau, ließ hier um 1700 eine erste öffentliche Promenade auf den mittelalterlichen Befestigungsanlagen anlegen. Noch erhalten sind die Wehrtürme **Hinter der Möllenvogtei** und **Kiek in die Köken** (1430). Etwas nördl. das **Kloster Unser Lieben Frauen** 4. Das im 11. Jh. gegründete spätere Prämonstratenserstift war in der Slawenmission aktiv. In der Architektur der Stiftskirche mit den imposanten Westtürmen spiegelt sich der Übergang von der Romanik zur Gotik.

GRÜNDERZEITVIERTEL

Der **Hasselbachplatz** 6 markiert das südl. Ende des Breiten Wegs und bildet den Mittelpunkt des besuchenswerten Gründerzeitviertels. Imposante Fassaden des Historismus sind hier erhalten, so das **Palais am Fürstenwall** (1893) und entlang der Hegelstraße. Rund um den „Hassel" liegt Magdeburgs Szeneviertel mit Kneipen, Bars und Clubs.

● Museen

Das im 12. Jh. erbaute Refektorium des ehem. Klosters bildet den Rahmen für die Sammlungen „Historische Skulptur" und „Zeitgenössische Kunst" des **Kunstmuseum Unser Lieben Frauen** 4. Im Skulpturenpark vor dem Kloster stehen 50 teils zu DDR-Zeiten, teils danach entstandene Werke prominenter Bildhauer (Regierungsstraße 4–6, Tel. 0391 56 50 20, www. kunstmuseum-magdeburg.de; Di.–Fr. 10.00–17.00, Sa./So. 10.00–18.00 Uhr).

Brücke zum Herrenkrugpark (oben). Das Pretziener Wehr südlich von Magdeburg (rechts oben). Gruson-Gewächshäuser (rechts unten).

Das 1906 gegründete **Kulturhistorische Museum** 7 ist der Stadtgeschichte gewidmet und zeigt Gemälde (15.–20. Jh.), flämische Wandteppiche und Möbel. Besonders interessant sind die großen Sonderausstellungen. Höhepunkt eines Besuchs ist der Kaiser-Otto-Saal mit dem „Magdeburger Reiter". In der ersten Etage empfängt im **Naturkundemuseum** Otto von Guerickes berühmtes „Einhorn" (aus den Überresten eines Mammuts und eines Wollhaarnashorns) die Besucher (Otto-von-Guericke-Straße 68–73, Tel. 0391 540 35 01, www. khm-magdeburg.de; Di.–Fr. 10.00–17.00, Sa./So. 10.00–18.00 Uhr).

Rund 1000 km führt die Straße der Romanik durch Deutschland zu den bedeutendsten Bauten dieser Epoche. In Sachsen-Anhalt streift sie viele sakrale und Profanbauten, allein in Magdeburg stehen vier Gotteshäuser aus dieser Zeit. Das **Haus der Romanik** 5 vermittelt in einer interaktiven Ausstellung einen lebhaften Eindruck vom Leben im 10.–13. Jh. (Domplatz 1b, Tel. 0391 838 02 22; Mo. und Mi.–Fr. 10.00 bis 18.00, Sa. und So. 10.00–16.00 Uhr). Die Ausstellung „1200 Jahre Magdeburger Baugeschichte" im ehem. Festungsturm **Kiek in de Köken** 5 bietet eine gute Gelegenheit, den Turm von innen zu besichtigen (Di.–So. 10.00–13.00 und 13.30–16.30 Uhr).

Die nordöstl. Stadtbefestigung **Lukasklause** 3 (14./15. Jh.) präsentiert mit dem **Otto-von-Guericke-Museum** das Lebenswerk des Universalgenies (s. S. 91) mit zahlreichen Versuchsanordnungen, die man sich am besten bei einer Führung erläutern lässt. Da Guericke auch die Erfindung der Luftpumpe zugeschrieben wird, finden Radfahrer, die hier auf dem Elbe-Radweg unterwegs sind, einen Informations- und Rastpunkt (Schleinufer 1, Tel. 0391 671 69 87; Di.–So. 10.00–17.00 Uhr, kostenlose Führung Fr. 14.00 Uhr).

● Hotels & Restaurants

HOTELS

Das € € € € **Hotel in der Grünen Zitadelle** im Hundertwasser-Haus ist nicht nur zentral gelegen, es vermittelt durch Architektur und Gestaltung der Zimmer auch eine gute Vorstellung von der Philosophie des Künstlers (Breiter Weg 9, 39104 Magdeburg, Tel. 0391 62 07 80, http://arthotel-magdeburg.de).

Stilvolles Ambiente prägt das Hotel € € € **Geheimer Rat** in einer ruhigen Wohngegend (Goethestraße 38, 39108 Magdeburg, Tel. 0391 738 03, www.hotel-geheimer-rat.de).

RESTAURANTS

€ € € **Selma & Rudolph** vereinen deutsche und französische Küche zu einem kreativen Mix, der in den Menüs bestens zur Geltung kommt. Dazu gesellt sich eine gute Auswahl vegetarischer und veganer Gerichte (Alte Neustadt, Gareisstraße 10, 39106 Magdeburg, Tel. 0391 59 76 50 20, www.selmarudolph.com).

€ € **Berner & Brown** haben sich auf Tapas und Pinchos spezialisiert. Natürlich gibt es auch spanisches Bier, und dazu beste Stimmung (Otto-von-Guericke-Str. 61, 39106 Magdeburg, Tel. 0391 54 762 96, www.tapasbar -magdeburg.de).

Beliebt ist das direkt am „Hassel" gelegene Szene-Lokal € € **Liebig** vor allem zum sonntäglichen Brunch. Auf der Karte stehen von Pasta über Tacos bis Miso-Suppe internationale Standards in guter Qualität (Liebigstraße 3, Tel. 0391 555 67 54, www.liebig-lounge.de).

● Unterhaltung

MUSIK & THEATER

Das **Theater Magdeburg** vereint vier Sparten mit Ensembles für Musiktheater, Ballett, Konzert und Schauspiel. Die **Oper Magdeburg** ist das Haus des Opernensembles, des Balletts Magdeburg und der Magdeburgischen Philharmonie (Universitätsplatz 9, Tel. 0391 540 65 00, www.theater-magdeburg.de). Das **Schauspiel Magdeburg** ist dem dramatischen Bühnengeschehen gewidmet, bietet aber u. a. auch Jazzkonzerte (Otto-von-Guericke-Straße 64, Tel. 0391 540 63 00, www.theater-magdeburg.de).

Jahrtausende im Blick

Die Besucher bewegen sich durch 6000 Jahre Forschungs- und Entdeckungsgeschichte – und das (inter)aktiv. So können beispielsweise – für seine Heimatstadt fast selbstverständlich – die Versuche Otto von Guerickes nachprobiert werden, aber auch die Galileis oder Newtons. Der mit 60 m höchste Holzturm der Welt des Schweizer Künstlers Johannes Peter Staub öffnete anlässlich der Bundesgartenschau 1999 seine Pforten. Die Aussichtsplattform in 43 m Höhe erlaubt einen weiten Blick über den Elbauenpark.

Jahrtausendturm, Tessenowstraße 5a, Tel. 0391 593 42 63, www.mvgm.de; März Di.–So. 10.00–18.00, April 9.00–18.00, Mai–Sept. 9.00–20.00, Okt. 9.00–18.00 Uhr

Politisches Kabarett in bester ostdeutscher Tradition: Die **Magdeburger Zwickmühle** sollte man nicht verpassen (Leiterstraße 2a, Tel. 0391/541 44 26, www.zwickmuehle.de).

EINKAUFEN

Die Innenstadt bietet viele Möglichkeiten. Im Zuge der Umgestaltung nach der Wende entstanden die Einkaufszentren **Ulrichs-Haus** und **Allee-Center** auf dem früheren Zentralen Platz, auf dem Bahnhofsplatz das **City-Carré**. **Breiter Weg** und **Ernst-Reuter-Straße** gelten seit jeher als Einkaufsmeilen.

VERANSTALTUNG

Der Barockkomponist Georg Philipp Telemann, 1681 in Magdeburg geboren (†1767), wirkte nicht in seiner Heimatstadt. Die dennoch ihm zu Ehren veranstalteten **Telemann Festtage** glänzen durch international bekannte Künstler (www.telemann-festtage.de; Mitte März).

● Umgebung

WASSERSTRASSENKREUZ MAGDEBURG

Bis zum Bau des Wasserstraßenkreuzes 2003 mussten Schiffe vom Mittelland- zum Elbe-Havel-Kanal einen 12 km langen Umweg über das Schiffshebewerk Rothensee, die Elbe im Bereich der Magdeburger Häfen und die Schleuse Niegripp nehmen. Pläne für eine Verbindung der Kanäle wurden bereits Anfang des 20. Jhs. gemacht, erste Arbeiten auch gestartet, aber 1942 kriegsbedingt eingestellt. Vom Aussichtsturm blickt man über die Landschaft und die Schiffe, die die Elbe auf einer 918 m langen Kanalbrücke überqueren (18 km nordöstl.; Am Schiffshebewerk 8, Tel. 0391 662 84 82, www. wasserstrassenkreuz-magdeburg.de).

Pilgerstab mit Jakobsmuschel

Als geistiges Zentrum der Ostmission, als Herkunftsort der Mystikerin Mechthild von Magdeburg, als kulturhistorisches Schatzkästchen der Romanik und Gotik ist Magdeburg eine wichtige Etappe auf dem sachsen-anhaltinischen Abschnitt des Jakobswegs. Die Route streift Architekturdenkmäler und Orte geistiger Auseinandersetzung mit Gott.

Die gotische Wallonerkirche St. Augustini aus dem 14. Jh. am Schleinufer diente ursprünglich als Klosterkirche der Augustiner. Ein Meditationsweg in dem nach dem Krieg wieder aufgebauten Gotteshaus gemahnt an acht Magdeburger Kirchen, die 1945 den Bomben zum Opfer fielen. Die nächste Pilgerstation, St. Petri, ist gleich nebenan: Auch sie wurde nach schweren Kriegszerstörungen wiedererrichtet. Mystische Lichteffekte schaffen die 1970 eingebauten Glasfenster von Charles Crodel. Jakobstraße, Ernst-Reuter-Allee und Breiter Weg führen zu St. Sebastian, der Kathedrale des Bistums Magdeburg: 1015 gegründet, präsentiert sie sich heute im gotischen Gewand. Am linken Flügel des Altars begrüßt das Halbrelief eines hl. Jakobus mit Pilgerstab und Jakobsmuschel die Wallfahrer. Vielleicht empfand Mechthild von Magdeburg (1207–1282) eben hier jene Verzückung, die sie in ihrer Dichtung „Das fließende Licht der Gottheit" verewigte. Zum Schluss lenkt der Dom durch seine lichtdurchflutete Architektur Blick und Gedanken himmelwärts.

Weitere Informationen

Allgemeine Informationen: St. Jakobus Gesellschaft Sachsen-Anhalt, www.jakobusweg-sachsen-anhalt.de
Markierung: gelbe stilisierte Jakobsmuschel auf blauem Grund

Übernachten: Übernachtungsmöglichkeit nach Voranmeldung bei der Altstadtgemeinde Wallonerkirche, Neustädter Straße 6, Tel. 0391 543 64 13
Zeitbedarf: mit Besichtigungen ca. 3 Std.

Unterwegs auf dem Jakobsweg – auf dem Abschnitt, der durch Magdeburg führt, können die Pilger eine Vielzahl bedeutender christlicher Bauwerke kennenlernen.

Gärten, Architektur und Luther- städte

Nirgendwo finden sich von der UNESCO als Welterbe geadelte Orte so nahe beieinander wie im südöstlichen Sachsen-Anhalt. Von Luthers Wirkungsstätten über das Dessau-Wörlitzer Gartenreich bis hin zum Bauhaus sind Höhe- punkte aus 400 Jahren Geschichte, Kultur und Kunst konzentriert.

Ein Geschenk an Luise von Anhalt-Dessau: Schloss und Park Luisium sind Teil des Dessau-Wörlitzer Gartenreichs.

Die neugotische Kirche St. Petri und das Wörlitzer
Schloss im Wörlitzer Schlossgarten.

Zum Kühnauer Park am Südufer des Kühnauer Sees gehören auch Plastiken.
Der Park bildet den westlichen Abschluss des Gartenreiches.

Anlässlich der sommerlichen Seekonzerte gibt es in Wörlitz auch abendliche Bootstouren mit Buffet.

Bis ins Detail vom Menschen gestaltete Natur: die Schwaneninsel im Wörlitzer See

Fürst Leopold III. Friedrich Franz von Anhalt-Dessau war ein empfindsamer Mann. In der Tradition seiner Familie – sein Großvater war der „Alte Dessauer", Magdeburgs Festungskommandant und populärster General Friedrichs des Großen – trat er zwar in preußischen Militärdienst ein, verließ diesen aber angesichts der Gräuel, die er im Siebenjährigen Krieg erleben musste, und bestimmte sein kleines Fürstentum zur Neutralität. Die von Preußen daraufhin erhobene Geldstrafe erstattete er aus dem eigenen Vermögen, so wie er auch seine großen Bau- und Gartenprojekte später weitgehend selbst finanzierte. Seine Untertanen nannten ihn „Vater Franz".

In Erinnerung blieb von diesem außergewöhnlichen Fürsten das Dessau-Wörlitzer Gartenreich – doch das war nur die augenfälligste Maßnahme, die Leopold III. seinem knapp 200 Quadratkilometer großen Fürsten- und späterem Herzogtum angedeihen ließ. Der in seiner Jugend vielgereiste Landesvater hatte sich nicht nur mit englischen Landschaftsparks bekannt gemacht. Er hatte auch die Werke von Rousseau gelesen, sich mit den modernen Techniken der Landwirtschaft beschäftigt und effiziente Verwaltungsstrukturen studiert. In Dessaus „Philantropinum" konnte der Aufklärer und Pädagoge Johann Bernhard Basedow, finanziert durch den Fürsten, seine modernen, geradezu antiautoritär anmutenden Vorstellungen von Schule und Lernen realisieren. Anhalt-Dessau wurde in des Fürsten Regierungszeit von 1758 bis 1817 zu einem wohlhabenden Musterland, dessen Ruf selbst Napoleon I. imponierte.

Erbauung und Belehrung

„Wanderer, achte Natur und Kunst und schone ihrer Werke" – diese Inschrift am Eingang zu „Schochs Garten" im Wörlitzer Park versinnbildlicht das Bestreben des Fürsten. Er hinterließ seinen Untertanen wunderbare Park-

Schochs Garten ist nach einem großen Gartengestalter in Wörlitz benannt. Mittendrin steht das Gotische Haus, zur Gartenseite im Stil englischer Tudorgotik gestaltet.

Am östlichen Rand des Schlossgartens steht die Wörlitzer Synagoge, Ausdruck einer in Religionsfragen toleranten Politik des Fürsten.

Eine Pagode im Park von Oranienbaum

1777 wurde westlich des Fischerdorfes Vockerode ein Waldpark angelegt. Das Burgtor ist ein Zugang zu diesem als „geordnete Wildnis" geplanten Refugium.

> „Ein wohladministrier-
> tes und zugleich äu-
> ßerlich geschmücktes
> Land, eine schöne,
> durch Kunst verherr-
> lichte Gegend."

Johann Wolfgang von Goethe, 1778

landschaften, in denen sie nach Belieben herumspazieren durften, er nutzte diese Anlagen gleichzeitig aber auch zur Belehrung und Erziehung. So ließ er in Wörlitz 16 verschiedene Konstruktionen errichten, mit denen Wasserarme überspannt werden konnten, und demonstrierte den Menschen damit die Entwicklung des Brückenbaus vom Baumstamm bis hin zur Zugbrücke. Im Gotischen Haus, das ihm als Studierstube diente, war seine Gemäldesammlung untergebracht – jedermann zugänglich, wenn der Fürst nicht anwesend war. Der Venus- und andere Tempel dienten als anschauliche Beispiele für klassische Architektur.

Heutige Besucher bewundern im Dessauer Gartenreich weniger das Philosophisch-Belehrende als die Kunst der Landschaftsgestaltung. Ganz gleich ob das englisch inspirierte Wörlitz, das rustikal-ländliche Großkühnau, das elegante Georgium, das intime Luisium oder aber das Rokoko-Kleinod von Mosigkau, das Leopolds Tante Anna Wilhelmine Mitte des 18. Jahrhunderts anlegen ließ – überall ist die Natur geformt, ohne dass dabei die gestalterische Absicht allzu sehr in den Vordergrund tritt. Und dann ist da noch der hohe Freizeitwert der Anlagen: Die meisten Gärten und Schlösser sind mit dem Fahrrad be-

quem auf dem Elberadweg erreichbar. Ausflugsgaststätten und Picknickplätze laden überall zur Erholung ein. Die Anwohner des Gartenreichs sind um ihre wunderbaren grünen Oasen wirklich zu beneiden.

Anhaltinische Kulturoasen

Köthen, Bernburg und Zerbst waren wie Dessau Fürstentümer, die seit dem 12. Jahrhundert von Abkömmlingen der Askanier regiert wurden. Durch Erbteilungen verstand es diese Familie unglücklicherweise, ihre Territorien stetig immer weiter zu verkleinern, bis nur noch Mini-Herrschaften übrig waren, die ihren Nachbarn wenig entgegenzusetzen hatten. Vielleicht war das auch der Grund, dass sich die Askanier auf Sprache, Gartenbau, Wissenschaft und Kunst verlegten. So können deren Residenzstädte durchaus stolz auf Errungenschaften verweisen, die schützende und fördernde Hände aus der jeweiligen Residenz ermöglicht hatten: In Köthen wirkten Samuel Hahnemann (1755 bis 1843), der Gründer der Homöopathie, und Johann Friedrich Naumann (1780 bis 1857), der die Vogelkunde in den Rang einer Wissenschaft erhob. Sechs Jahre lang, von 1717 bis 1723, hatte Johann Sebastian Bach am Hof von Anhalt-Köthen die Position eines Hofka-

Eisleben ist eine Lutherstadt: Luthers Sterbehaus (oben links), das Lutherdenkmal auf dem Marktplatz und Luthers Geburtshaus (unten links). Das Lutherhaus in Wittenberg: In der Lutherstube führte der Reformator seine Tischgespräche (unten rechts).

Die sogenannte Lutherkanzel in Eislebens St.-Andreas-Kirche – auf dieser Kanzel hielt Luther seine letzten vier Predigten.

Zu „Luthers Hochzeit" alljährlich im Juni gehört der
Festumzug durch die Wittenberger Altstadt.

pellmeisters inne und komponierte hier
seine Brandenburgischen Konzerte, während nicht weit entfernt in Zerbst der Barockkomponist Johann Friedrich Fasch
(1688–1758) von 1722 bis zu seinem Tod
in gleicher Funktion beim Fürsten von
Anhalt-Zerbst angestellt war. In Dessau
konnte der jüdische Schriftsteller und
Buchhändler Moses Philippson (1775 bis
1814) unter „Vater Franz" eine Druckerei betreiben und jüdische Literatur
verlegen. Das überschaubare, von Saale,
Mulde und Elbe durchflossene östliche
Anhalt, heute als Anhalt-Wittenberg
bezeichnet, bildete im 18./19. Jahrhundert einen bedeutenden Nukleus kreativen Wirkens.

Luthers Wirkungskreis

Die Lutherstädte Wittenberg und Eisleben markieren die nordöstlichen und
südwestlichen Eckpunkte dieser pro-
duktiven Region. Martin Luther wurde
1483 in Eisleben geboren und verstarb
1546 in seiner Geburtsstadt. Den größten Teil seiner Kindheit verbrachte der
Reformator zunächst mit seiner Familie in Mansfeld, zum Studium weilte er
dann in Magdeburg, Eisenach und Er-
furt und ab 1508 als Augustinermönch
in Wittenberg. In ihrer Begründung
für die Aufnahme Wittenbergs und Eislebens ins Weltkulturerbe stellte die
UNESCO fest, dass die beiden Städte
„einen bedeutsamen Abschnitt in der

Das Mansfelder Land war Jahrhunderte vom Bergbau geprägt, an den die Mansfelder Bergwerksbahn erinnert, die vor einer Abraumhaldenkulisse von Klostermansfeld nach Hettstedt fährt.

Vom Schloss Mansfeld, einstmals eine mächtige Festung, blieb nur der 500-jährige Vorderort mit seinem neugotischen Treppenturm erhalten.

Über der Saale ragt die Renaissanceanlage des Schlosses von Bernburg auf,
das heute als Museum Besuchern zugänglich ist.

„Hier also baut die Weisheit ihr Haus, hier meißelt sie ihre sieben Säulen …"

Giordano Bruno Ende des 16. Jahrhunderts
über die Wittenberger Universität

menschlichen Geschichte repräsentieren und als authentische Schauplätze der Reformation von außergewöhnlicher universeller Bedeutung sind". Von diesen beiden Städten ging je nach Glauben und Lehrmeinung die reformatorische Erneuerung des Christentums oder aber ein tiefes zerstörerisches Schisma aus.

Dabei war Martin Luthers Absicht nie eine Spaltung der Kirche gewesen. Als er der Überlieferung nach seine 95 Thesen am 31. Oktober 1517 an das Portal der Wittenberger Schlosskirche schlug, ging es ihm vor allem darum, die Praxis des Ablasshandels zu hinterfragen und den Begriff der Buße wieder mit Inhalt zu füllen. Denn die Ablassverkäufer des Erzbischofs von Mainz und Magdeburg, Albrecht von Brandenburg, waren in jenem Jahr besonders dreist unterwegs. Nicht einmal der Erzbischof selbst machte ein Hehl daraus, wofür das Geld bestimmt war, mit dem sich die Gläubigen von ihren Sünden freikauften: Er wollte damit seine Schulden bei den Fuggern bezahlen. Der Rest ist Geschichte, und dass es dann doch zur Kirchenspaltung kam, die Schuld dafür geben einige Historiker eher den Kleinfürsten, die im reformatorischen Glauben die Chance witterten, sich von der mächtigen römisch-katholischen Kirche unabhängig zu machen.

Seilfahrt in die Zukunft

Industriearchitektur, Schlackeberge und Fachwerk – dieser eigenwillige Dreiklang prägt das Mansfelder Land im Südharz, das rund 800 Jahre lang Bergbaugeschichte geschrieben hat. Im Jahr 1990 war es mit dieser langen Tradition dann allerdings vorbei. Die letzten Hütten des Kupferbergbaus wurden von der Treuhand abgewickelt. Zurück blieb eine Region, in der sich die Menschen von der Wende verraten fühlten. Bei etwa 13 Prozent liegt hier auch heute noch die Arbeitslosenquote – Ende der 1990er-Jahre war sie sogar fast dreimal so hoch.

Doch das Mansfelder Land – dessen Böden nun gelben Raps tragen, statt grünes Kupfer zu liefern – ließ sich nicht einfach dem Vergessen überantworten. Seine ehemaligen Bergleute kümmern sich nun um die Bewahrung der Zeugnisse aus „ihrem" Bergbau und bringen sie den Besuchern der Region nahe: Eine Museumsbahn stellten sie auf die Beine, Schächte wurden zur Besichtigung stabilisiert, Industriedenkmäler dokumentiert. Die aufs Abstellgleis verschobenen Arbeiter retteten damit ihren Stolz und verschafften ihrer Heimat gleichzeitig eine neue Perspektive: als touristisches Ziel mit einzigartigen Zeugnissen der Bergbaugeschichte.

DIE BILDUNGSSTÄTTE BAUHAUS

Rückblick auf die Zukunft

Kubische Bauglieder und eine seinerzeit revolutionäre Glasfassade prägen das Ensemble des Bauhauses in Dessau. Die Anlage wirkt so zeitgemäß, als sei sie eben erst fertiggestellt worden. Ist postmoderne Architektur nur eine simple Kopie des Bauhaus-Stils aus den 1920er-Jahren?

Die Ästhetik hat sich tatsächlich kaum gewandelt. Verbessert wurde die Funktionalität, denn obwohl Walter Gropius in seinem Bauhaus-Manifest 1918 formulierte „Architekten, Bildhauer, Maler, wir alle müssen zum Handwerk zurück!", hakt es manchmal. Großflächige Einfachverglasung macht eben isolatorisch Probleme.

Als Walter Gropius und Henry van de Velde 1919 in Weimar das „Bauhaus" gründeten, wollten sie die Trennung der verschiedenen Kunstformen, der bildenden, darstellenden und angewandten, aufheben. Und die Studenten sollten gemeinsam lernen, arbeiten und leben. Auch wenn die Bauhaus-Lehrer „Meister" genannt wurden und einige Privilegien genossen, galt doch das Prinzip eines möglichst engen Umgangs von Schülern und Lehrern – Affären inklusive. Berühmt-berüchtigt waren die Bauhaus-Kostümfeste.

Politisch war solches Treiben im konservativen Weimar nicht gerne gesehen. 1925 wurde das Bauhaus geschlossen. Gropius entschied sich für einen neuen Start in Dessau, weil hier großzügige Bedingungen garantiert wurden. Das hat sich für die Stadt ganz eindeutig gelohnt: Für Designer und Architekten ist Dessau ein Wallfahrtsort.

Die große Sachlichkeit

Wie geht die Stiftung Bauhaus mit dem Erbe um, seit 1996 immerhin Welterbestätte der UNESCO? Sachlich und ohne übermäßige Pietät, also ganz im Sinn der Gründergeneration. Das Bauhaus ist kein Museum geworden, sondern dient wieder der aktuellen Forschung und Lehre: Nur dass die Kollegiaten in der Aula auf den legendären stoffbespannten Klappstühlen aus Stahlrohr sitzen, die einst Marcel Breuer entworfen hat. Die Farbgebung in Rot, Grau und Schwarz legte Gropius persönlich fest, und irgendwo steht fast achtlos Breuers berühmter Wassily-Stuhl in der Ecke. Bei allen Entwürfen stand immer auch die Eignung zur industriellen Produktion im Vordergrund: Stühle, Lampen, Häuser sollten keinesfalls Solitäre, sondern „Massenware" sein. Hannes Meyer, der als Direktor auf Gropius folgte, formulierte es so: „Volksbedarf statt Luxusbedarf."

Das nach Kriegszerstörung rekonstruierte Bauhausgebäude in Dessau entstand ursprünglich 1925/1926 für die Kunst-, Design- und Architekturschule Bauhaus.

Besuch bei Feiningers

Etwas Luxus gab es dann aber doch, als Gropius die Meisterhäuser und seine eigene Direktorenvilla entwarf, in denen die Meister – 1926 waren dies Lyonel Feininger, Wassily Kandinsky, Paul Klee, László Moholy-Nagy, Georg Muche und Oskar Schlemmer – mit ihren Familien lebten. Eingebettet in einen lichten Kiefernwald wirken diese Gebäude zeitlos und hochmodern zugleich. Außen identisch, wurden sie innen individuell gestaltet: Kandinsky beispielsweise liebte Blattgold. Und da kommt, bei aller Sachlichkeit, dann doch Andacht auf, im Wohnzimmer der Feiningers, in dem heute das Kurt-Weill-Festival geplant wird, oder im wunderbar farbigen Treppenhaus, in dem sich die Stimmungen der Bilder von Paul Klee spiegeln.

Bauhaus allerorten: Das „Kornhaus" auf dem Dessauer Elbdeich (oben) und das Bauhausgebäude (rechts oben).

Fakten

Stiftung Bauhaus Dessau, Gropiusallee 38, 06846 Dessau, Tel. 0340 650 82 50, www.bauhaus-dessau. de; tgl. 10.00–17.00 Uhr, Führungen tgl. 11.00 und 14.00, Sa. und So. auch 12.00 und 16.00 Uhr

Meisterhäuser, Ebertallee 63–71, Dessau; April–Okt. tgl. 10.00–17.00, sonst 11.00–17.00 Uhr, Führung tgl. 12.30, 15.30 Uhr (Treffpunkt Bauhaus), Sa. und So. auch 13.30 Uhr

Das 1929 von Carl Fieger entworfene € € **Restaurant im Kornhaus** ist nicht nur ein architektonisches Schmuckstück an der Elbe, sondern auch ein sehr gutes Restaurant (Kornhausstraße 146, Tel. 0340 65 01 99 63, www.kornhaus-dessau.de).

Von den Elbauen in den Südharz

Lediglich 100 km Luftlinie liegen zwischen der Elbe bei Dessau und dem Mansfelder Land im Südharz. Das östliche Sachsen-Anhalt birgt auf kleinem Raum eine Vielzahl kultureller wie Natur-Sehenswürdigkeiten und gleich drei UNESCO-Stätten.

❶ Lutherstadt Wittenberg

In Wittenbergs (50 000 Einw.) hübscher, lebhafter Altstadt wandeln Besucher auf den Spuren des Reformators. Das im 12. Jh. beurkundete Wittenberg erlebte unter dem sächsischen Kurfürsten Friedrich III. dem Weisen (1463 bis 1525) seine Blüte. 1517 schlug Martin Luther seine 95 Thesen an das Portal der Schlosskirche. Durch die Reformation wurden Wittenberg und die von Kurfürst Friedrich 1502 gegründete Universität im 16. Jh. geistiger Mittelpunkt Deutschlands.

SEHENSWERT

Am westl. Eingang der **Altstadt** TOPZIEL steht die Schlosskirche mit der Thesentüre, beide Ende des 19. Jhs. rekonstruiert, die Kirche im neugotischen Stil ausgestattet. Unter der Kanzel befinden sich die Grabplatten Martin Luthers (1483–1546) und Philipp Melanchthons (1497–1560); vor dem Altar sind Friedrich der Weise und sein Bruder Johann der Beständige kniend dargestellt (Mo.–Fr. 10.30–14.30, Sa. 10.00–18.00, So. 11.30–18.00 Uhr). Hinter der Kirche erhebt sich das **Schloss** Friedrichs des Weisen, 1489–1525 auf Fundamenten einer älteren Askanier-Residenz errichtet. Ein Stück nach Osten liegen die **Cranach-Höfe**, die Wohn- und Werkstattgebäude von Lucas Cranach d. Ä. („Maler der Reformation", 1472 bis 1553) an der Schlossstraße und am Markt. Kurfürst Friedrich hatte ihn 1505 an seine Residenz geholt. Sehenswert sind die Innenhöfe. (Schlossstraße 1 und Markt 4, Tel. 03491 420 19 11, www.cranach-stiftung.de; Mai–Okt. Mo.–Sa. 10.00–17.00, So. 13.00–17.00, sonst Di.–Sa. 10.00–17.00, So. 13.00–17.00 Uhr). Weitläufig und von teils aus der Renaissance stammenden Häusern gesäumt, präsentiert sich der **Markt** vor dem **Renaissance-Rathaus** (1535). Davor erinnern Denkmäler an Martin Luther und Philipp Melanchthon. Wuchtig wirkt die Doppelturmfassade der **Stadtkirche St. Marien** (13.–15. Jh.); Mittelpunkt der spätgotischen Hallenkirche ist der „Reformationsaltar" (1547) Lucas Cranachs d. Ä. mit den Portraits bedeutender Reformatoren.

Das Schloss Georgium im gleichnamigen Landschaftspark in Dessau-Roßlau (links). Die Felseninsel Stein im Wörlitzer Park (rechts).

Vorbei an der **Universität** wird das unübersehbare **Melanchthonhaus** (1556) erreicht; das Wohnhaus des engen Gefährten des Reformators zeigt u. a. dessen Studier- und Sterbezimmer (Collegienstraße 60, Tel. 03491 420 31 10, www.martinluther.de; April–Okt. tgl. 10.00–18.00, sonst Di.–So. 10.00–17.00 Uhr). Wenige Schritte weiter liegt das **Lutherhaus** (Urspr. um 1505), in dem Martin Luther zunächst als Augustinermönch und ab 1525 mit seiner Frau Katharina von Bora und den Kindern lebte.

MUSEEN

Im **Schloss** widmet sich das Museum der Stadtgeschichte und zeigt eine natur- und volkskundliche Sammlung (Schlossplatz 1d, Tel. 03491 433 49 20; Di.–So. 9.00–17.00 Uhr). Das **Lutherhaus** birgt das größte reformationsgeschichtliche Museum der Welt mit u. a. der Erstausgabe der Luther-Bibel; im Originalzustand erhalten ist die Lutherstube, wo die sog. Tischgespräche stattfanden (Collegienstraße 54, Tel. 03491 420 31 18, www.martinluther.de; April–Okt. 9.00–18.00, sonst Di.–So. 10.00–17.00 Uhr).

HOTEL UND RESTAURANT

Außen präsentiert sich das € € € **Ringhotel Schwarzer Baer** am Markt historisch, innen modern (Schlossstraße 2, 06886 Lutherstadt Wittenberg, Tel. 03491 420 43 44, www.schwarzer-baer-wittenberg.de).
In der € € **Alten Canzley** tafeln Sie direkt gegenüber der Schlosskirche feine mitteldeutsche Speisen (Schlossplatz 3–5, 06886 Lutherstadt Wittenberg, Tel. 03491 42 91 10, www.alte-canzley.com).

INFORMATION

Tourist Information, Schlossplatz 2, 06886 Lutherstadt Wittenberg, Tel. 03491 49 86 10, www.lutherstadt-wittenberg.de

❷ Das Gartenreich

Die von Elbe und Mulde durchflossenen Auen um Dessau wurden unter Fürst Leopold III. Friedrich Franz von Anhalt-Dessau (1740–1817) und seinem Architekten Wilhelm Freiherr von Erdmannsdorff (1736–1800) in frühklassizisti-

Der Johannbau des Dessauer Schlosses mit dem Museum für Stadtgeschichte

sche **Parklandschaften TOPZIEL** umgewandelt. Ans Dessauer Stadtgebiet grenzen **Schloss und Park Georgium**, 1780 von einem Bruder des Fürsten angelegt und durch von Erdmannsdorff mit klassizistischem Schlösschen (heute Gemäldegalerie), Tempelchen und Monopteros geschmückt. Nach Osten schließt der **Landschaftspark Großkühnau** an, den des Fürsten Sohn 1818 gestaltete. **Schloss und Park Luisium** nordöstl. von Dessau waren 1778 des Fürsten Geschenk an seine Gattin, ein klassizistisches Schloss. Der 112 ha große **Landschaftsgarten von Wörlitz** bildet den Höhepunkt des Gartenreichs. Ab 1764 arbeiteten von Erdmannsdorff und der Fürst an der Anlage. Mit dem als „Landhaus" bezeichneten Schloss fasste der Klassizismus Fuß im kontinentalen Europa; das Gotische Haus kopiert die Kirchenfassade von Madonna del'Orto in Venedig, die Insel Stein mit „tätigem" Vulkan erinnert an den Vesuv (www.woerlitz-information.de; Führungen Schloss Wörlitz stdl. Mai–Sept. Di.–So. und Fei. 10.00–18.00, März, April und Okt. Di.–So. und Fei. 10.00–17.00 Uhr; Führungen Gotisches Haus und Insel Stein stdl. Mai–Sept. Di.–So. und Fei. 11.00–17.00, März, April und Okt. Sa., So. und Fei. 11.00–17.00 Uhr).

Mitte des 18. Jhs. erbaut, bieten **Schloss und Park Mosigkau** ein schönes Beispiel für die Architektur und Gartengestaltung des Rokoko. Die teils noch im Original erhaltenen Räume sind ein stilvoller Rahmen für eine Gemäldesammlung, zu der Werke von Rubens und van Dyck gehören (Knobelsdorffallee 3, Tel. 0340 50 25 57 21, www.gartenreich.com; Führungen Mai–Sept. Di.–So. 11.00–17.00, März, April und Okt., Sa. und So. 11.00–17.00 Uhr).

Im 17. Jh. für Prinzessin Henriette Catharina von Nassau-Oranien 12 km südöstl. von Dessau angelegt, sind **Schloss, Orangerie und**

Park Oranienbaum ein anschauliches Beispiel niederländisch-barocker Gestaltung. Fürst Franz steuerte Ende des 18. Jhs. den anglo-chinesischen Gartenteil mit Pagode und Brücken bei (Tel. 034904 202 59, www.gartenreich.com; Mai–Sept. Di.–So. 10.00–17.00 Uhr).

❸ Dessau-Roßlau

Die ehem. Residenzstadt (60 000 Einw.) des Fürstentums Anhalt-Dessau (1471–1918) wurde als wichtiger Industriestandort im Zweiten Weltkrieg schwer bombardiert. Die architektonischen Zeugnisse der Bauhaus-Ära und die Anlagen des „Dessauer Gartenreichs" sind UNESCO-Welterbestätten.

SEHENSWERT

Das **Bauhaus-Stammhaus TOPZIEL** (1976 rekonstruiert), die **Meisterhäuser** und weitere in der Bauhaus-Ära entstandene Bauten sind die Hauptsehenswürdigkeiten Dessaus (s. S. 110f.). Von der Renaissance-**Schlossanlage** (um 1520) blieb der 2005 rekonstruierte Johannbau; er beherbergt das Museum für Stadtgeschichte (Am Schlossplatz 3a, Tel. 0340 220 96 12; Mi.–So. und Fei. 10.00–17.00 Uhr).

HOTELS UND RESTAURANTS

Das angenehme Hotel € € **Hotel 7 Säulen** liegt direkt gegenüber den Meisterhäusern (Ebertallee 66, 06846 Dessau, Tel. 0340/ 61 96 20, http://hotel-7-saeulen.de). Seit 1907 steht die € € **Elbterrasse Wörlitzer Winkel** an der Elbe wenige Kilometer vom Wörlitzer Park (Elbterrasse 1, 06786 Wörlitz, Tel. 034903 890 95, www.elbterrasse.de). Traditionsrezepte aus Sachsen-Anhalt setzt die Küche im € € **Brauhaus Zum alten Dessauer** deftig um (Lange Gasse 16, 06844 Dessau, Tel. 0340 220 59 09, www.alter-dessauer.de). Allein wegen des Vergnügens, auf originalen Bauhausmöbeln zu speisen, lohnt der Besuch der € **Mensa am Bauhaus** (Gropiusallee, Tel. 0340/650 84 21, www.bauhaus-dessau.de; Mo. bis Fr. 8.00–14.00 Uhr).

UMGEBUNG

Die bereits 1979 zum **Biosphärenreservat Mittlere Elbe** erklärten 120 000 ha Auenlandschaft entlang der Elbe sind Lebensraum des Elbebibers und geprägt von großer Artenvielfalt. Im Auenhaus informiert eine Ausstellung über den Naturraum (an der Straße von Dessau nach Oranienbaum, Tel. 034904 406 10, www.mittelelbe.com; Mai–Okt. Mo.–Fr. 10.00–17.00, Sa. und So. 11.00–17.00, sonst Mo.–Fr. 10.00 bis 16.00 Uhr). Zur Biberfreianlage gehören eine Biberburg und ein Beobachtungsturm (Mai–Okt. Sa. und So. 10.00–17.00 Uhr).

Wie in Dessau haben die Bombardements auch in **Zerbst** (23 000 Einw.) schwere Schäden angerichtet, die Altstadt ist mit modernen Bauten durchsetzt. Die im 15. Jh. errichtete Stadtmauer mit dem Heidetor von 1434 rahmt den Kern noch nahezu vollständig ein. Am Markt gemahnt die Ruine der Stadtkirche St. Nikolai (um 1430) an den Krieg. Fachwerk-

häuser, für die Zerbst früher bekannt war, stehen noch an der Mühlenbrücke und am Rosenwinkel. Die nur zum Teil wieder aufgebaute, romanisch-gotische Hofkirche schmückt sich mit einem Gemälde von Lucas Cranach d. J. Vom Schloss, 1681–1749 erbaut und Heimat der späteren Zarin Katharina II. von Russland (1729–1796), steht nur noch der zerbombte Ostflügel.

INFORMATION

Tourist-Information, Zerbster Straße 2c, 08644 Dessau-Roßlau, Tel. 0340 204 14 42, www.dessau-rosslau-tourismus.de

❹ Bernburg

Mit der imposanten Schlosskulisse erhebt sich Bernburg (36 000 Einw.) seit dem 12. Jh. über der Saale. Der Bär, Wappentier der Askanier, gab der Stadt ihren Namen.

SEHENSWERT

Die ältesten Bauten der **Burganlage** liegen nordw. des Eingangs: Blauer Turm, Altes und Krummes Haus im gotischen Stil stammen aus der Zeit vor dem Umbau im 16. Jh., als das prunkvolle Lange Haus errichtet wurde. In dem mächtigen, runden Bergfried aus dem 12. Jh. soll Till Eulenspiegel Turmwärter gewesen sein (April–Okt., Di.–So. 10.00–17.00, sonst Di.–Do. 10.00–16.00, Fr. 10.00–13.00, Sa., So. 10.00 bis 16.00 Uhr). Die **Altstadt** am gegenüberliegenden Saale-Ufer gruppiert sich mit wenigen historischen Häusern um die Pfarrkirche St. Marien (15. Jh.), deren gotische Maßwerkfassade ungewöhnliche Feinheit und Leichtigkeit zeigt.

UMGEBUNG

Geschlossen zeigt sich die historische Innenstadt von **Köthen** (30 000 Einw.). Die im 12. Jh. erstmals erwähnte Residenzstadt der Fürsten von Anhalt-Köthen (1244–1847) gruppiert sich um den Markt mit der Stadtkirche St. Jakob (16. Jh.), die Ende des 19. Jhs. die markanten Türme erhielt. Das Schloss, urspr. eine Wasserburg des 13. Jhs., wurde nach einem Brand im 16. Jh. barock und später klassizistisch neu errichtet. Es beherbergt das Historische Museum für Mittelanhalt, bei dessen Besuch auch der prachtvolle Spiegelsaal bewundert werden kann (Schlossplatz 4, Tel. 03496 21 25 46; Di. bis So. 10.00–17.00 Uhr).

INFORMATION
Stadtinformation, Lindenplatz 9, 06406
Bernburg (Saale), Tel. 03471 346 93 11,
www.bernburger-freizeit.de

⑤ Lutherstadt Eisleben

Die Welterbestadt (25 000 Einw.) gehört seit
dem 10. Jh. zum Mansfelder Land. Basis des
Wohlstands war vor allem im 15. und 16. Jh.
der Kupferschieferabbau – Bürgerhäuser und
Schlösser der Grafen von Mansfeld erinnern
daran. Martin Luthers Vater war hier als Berg-
werksaufseher beschäftigt.

SEHENSWERT

Die historische **Altstadt TOPZIEL** gruppiert
sich um den hübschen Markt mit **Luther-
Denkmal** und **Rathaus** (16. und 19. Jh.).
Beherrschend erhebt sich die **Kirche St.
Andreas** (13. und 16. Jh.) über Eislebens Mitte;
hier hat Martin Luther mehrfach gepredigt, hier
wurde er nach seinem Tod am 18. Feb. 1546
aufgebahrt. Sein **Sterbehaus** (um 1500) steht
neben der Kirche und ist als Museum eingerichtet (Andreaskirchplatz 7, www.martinluther.
de; April–Okt. 10.00–18.00, sonst Di.–So. 10.00
bis 17.00 Uhr). Sein **Geburtshaus** Ecke
Luther-/Seminarstraße, wenige Schritte vom
Markt entfernt, wird ebenfalls museal genutzt
(Lutherstraße 15, Tel. 03475 714 78 14; April bis
Okt. tgl. 10.00–18.00, sonst Di.–So. 10.00 bis
17.00 Uhr). Direkt gegenüber bewahrt die spätgotische **Kirche St. Peter und Paul** den Tauf-
stein, an dem der Reformator am Martinstag
1483 getauft wurde.

ERLEBEN

Chöre untermalen die festliche Stimmung,
wenn auf Höfen und Plätzen in Eisleben
am 3. Advents-Sa. **Weihnachtsmarkt** ge-
halten wird.

UMGEBUNG

In der Montanregion am Südharz, in der 800
Jahre lang Kupferabbau betrieben wurde, erinnern Bergbaustädtchen und Abraumhalden
an die Vergangenheit. Lokale Initiativen haben
sich um den Erhalt historischer Zeugnisse des
Bergbaus verdient gemacht, so um die schmal-
spurige **Mansfelder Bergwerksbahn**, die
zwischen Klostermansfeld und Hettstedt unter
Dampf steht (www.bergwerksbahn.de; Ende
April–Mitte Okt. Sa. 15.00 Uhr). In **Hettstedt**
(15 000 Einw.) sind Maschinen, Werkzeuge und
andere Zeugnisse des Bergbaus im Mans-
feld-Museum zu sehen (Schlossstraße 7, Tel.
03476 20 07 53, www.mansfeld-museum.hett
stedt.de; Mi.–So. 10.00–17.00 Uhr). Über die
vielen im Mansfelder Land verstreuten
Schächte, Hütten und Industriedenkmale infor-
mieren die Mansfelder Kupferspuren (www.
kupferspuren.eu).

INFORMATION
Tourist-Information, Hallesche Straße 4,
06295 Lutherstadt Eisleben,
Tel. 03475 60 21 24, www.eisleben.eu

Genießen   Erleben   Erfahren

**DuMont
Aktiv**

Gondelfahrt
im Gartenreich

Rund um den Wörlitzer See, ursprünglich ein Altarm der Elbe,
führen Wasserläufe durch das Gartenreich und zu seinen markantesten Bauten. Was kann schöner sein, als all dies per Boot und zu Fuß zu erkunden?

Abfahrt an der Gondelstation: Bis zu 25 Passagiere fassen die
Boote, die von einem Bootsmann mit kräftigen Ruderschlägen an Neumarks
Garten (links) und Schlossgarten (rechts) vorbei auf den Wörlitzer See ge-
lenkt werden. Über den See passiert die Gondel die Statue der schönen
Muschelsucherin im Schlossgarten und steuert auf das Nymphäum am Rande
von Schochs Garten zu, wo sie in den Kanal nach Norden einfädelt und nach
Durchfahrt unter Neuer und Agnesbrücke den Kleines Walloch genannten
See erreicht. Durch den Wolfskanal und unter der Weißen Brücke hindurch
geht es dann zurück zum Wörlitzer See. Stolz grüßt links das Gotische Haus
über die Wiese, rechts lugt der Floratempel aus dem Grün. Die letzte Strecke
zurück zur Gondelstation streift die Roseninsel.

Die eigenwilligste Sehenswürdigkeit des Parks erfordert ab-
schließend einen rund zehnminütigen Spaziergang durch den Schlossgarten
nach Südosten: Die Insel Stein mit Villa Hamilton, antikem Theater und Vulkan erinnerte den Fürsten an seine Reise an den Golf von Neapel. Ein Abbild
davon wollte er mit seinen Untertanen teilen. Der Vulkan kann übrigens „aus-
brechen", wird aber nur bei besonderen Anlässen in Gang gesetzt.

Weitere Informationen

Gondelfahrten: Mai–Sept. tgl. 10.00 bis
18.00, April und Okt. tgl. 11.00–16.00 Uhr,
Dauer 45 Min.
Insel Stein: Öffnungszeiten s. S. 113, Das
Gartenreich

Einkehr: Das € € € „Gasthaus Seeblick",
ein im Wörlitzer Schlossgarten gelegenes
Gartenlokal, serviert bodenständige
Küche (Amtsgasse 42b, Tel. 034905
2 13 44).

*Wer möchte, kann den Wörlitzer Park auf einer rund 45 Minuten langen Bootstour aus einer
ungewohnten Perspektive heraus entdecken – ohne sich dabei selbst anstrengen zu müssen.*

Idylle und Einsamkeit: Enten in Rottmersleben (oben). Kanuten auf der Saale (rechts oben). Landstraße durch die Dübener Heide (rechts).

Service

Keine Reise ohne Planung. Auf den folgenden Seiten haben wir für Sie Wissenswertes und wichtige Informationen für Ihren Urlaub in und um Leipzig, Halle und Magdeburg zusammengestellt.

Anreise

Mit dem Auto: Die Region erschließen die Autobahnen A 9 München–Nürnberg–Leipzig–Berlin, die A 2 Dortmund–Hannover–Magdeburg–Berlin, die A 38 Göttingen–Halle–Merseburg–Leipzig und die A 14 Dresden–Leipzig–Halle–Magdeburg.

Mit der Bahn: Mitteldeutschland ist mit den drei Großstädten Leipzig, Halle und Magdeburg sehr gut an die ICE- und IC-Verbindungen der Bahn angeschlossen, die in Nord-Süd- (Berlin–München) und in Ost-West-Richtung (Dresden–Frankfurt) verlaufen (Infos auf www.bahn.de).

Mit dem Flugzeug: Der Flughafen Leipzig-Halle wird von den meisten Linien- und Charterunternehmen angeflogen (Infos auf www.leipzig-halle-airport.de).

Bahn- und Busverbindungen: Der Regionalverkehr ist gut ausgebaut. Über Bus- und Bahnfahrpläne im öffentlichen Nahverkehr Sachsen-Anhalts gibt www.nasa.de Auskunft. Links zu den Nahverkehrsorganisationen der Städte sind auf der jeweiligen Internetseite der Tourismus-Information zu finden. Mit dem Sachsen-Anhalt-Ticket können bis zu 5 Personen für 23 € einen Tag lang in den Regionalzügen durch Sachsen und Sachsen-Anhalt reisen (Informationen auf www.bahn.de).

Auskunft

Überregional: Investitions- und Marketinggesellschaft Sachsen-Anhalt, Am Alten Theater 6, 39104 Magdeburg, Tel. 0391 568 99 80, www. sachsen-anhalt-tourismus.de

Tourismus Marketing Gesellschaft Sachsen, Bautzner Straße 45/47, 01099 Dresden, Tel. 0351 49 17 00, www.sachsen-tourismus.de Regional: Saale-Unstrut-Tourismus, Lindenring 34, 06618 Naumburg, Tel. 03445 23 37 90, www.saale-unstrut-tourismus.de Weitere regionale Informationsstellen werden auf den Infoseiten genannt.

Essen & Trinken

Die **Küche** Sachsens und Sachsen-Anhalts könnte man als Inbegriff gutbürgerlicher Tradition bezeichnen. Ein große Rolle nehmen regionale landwirtschaftliche Produkte ein, allen voran Kartoffeln, die als Salzkartoffeln viele Fleischgerichte begleiten. Unter den Gemüsesorten sind Grünkohl und zur Saison Spargel beliebt. Es wird viel Schweinefleisch gegessen: als Eisbein mit Sauerkraut (in Magdeburg unter dem Namen „Bötel mit Lehm und Stroh" bekannt) oder als geräucherter Speck, der vielen Gerichten wie etwa Bauernfrühstück (Bratkartoffeln, Speck, Ei) oder Braunkohl (Grünkohl mit Speck und Salzkartoffeln) den besonderen Geschmack verleiht. Die DDR-Jahre haben einige osteuropäische Gerichte auf den Speisekarten platziert, so die delikate Soljanka (Suppe aus Kraut, Rüben und Sahne) oder Schopska-Salat, eine bulgarische Variante des griechischen Bauernsalats.

Die Leipziger Küche nimmt dank ihrer Messetradition, die viele fremde Einflüsse in die Stadt brachte, eine Sonderstellung ein. Ihr wohl bekanntestes Gericht ist das „Leipziger Allerlei" aus verschiedenen Gemüsesorten, zu denen

unbedingt auch Spargel und Morcheln gehören und klassischerweise auch Flusskrebse, eingekocht mit einer dicken Mehl-/Sahnesauce. Eine beliebte **Süßspeise** ist die „Leipziger Lerche", die aus der Not nach dem Verbot der Lerchenjagd eine Tugend machte und zu süßem Zuckerwerk aus Marzipan und Mürbteig mutierte. In Halle hat die beliebte „Hallorenkugel" aus Schokolade und Sahne den Fortbestand der Schokoladenfabrik Halloren über die Wende hinaus gesichert.

Getränke gibt es auch aus eigener Produktion. Sachsen-Anhalt besitzt mit der Saale-Unstrut-Region Deutschlands nördlichstes Weinbaugebiet, in dem besonders die Weißweine hohe Qualitäten erreichen. Unter den vielen verschiedenen Biersorten sollte man unbedingt einmal die Leipziger Gose verkosten, ein Bier, das durch Beifügung von Salz, Koriander und Milchsäure einen säuerlichen Geschmack bekommt.

Feste und Festivals

Musikfestivals sind Pflicht für einen Landstrich, in dem so viele berühmte Komponisten lebten und arbeiteten: Halle begeht Anf. Feb. Georg Friedrich Händels Geburtstag mit einem international besetzten Chorkonzert. Dessau erweist Kurt Weill mit Musik und Symposien Ende Feb. die Reverenz. In der ersten Märzhälfte folgen die Magdeburger Telemann-Tage,

Darsteller auf dem Fürstentag zu Rochlitz und Seelitz.

Anf. Juni die Händel-Festspiele in Halle, Mitte Juni das Bachfest in Leipzig, und Anf. Sept. erinnert auch Köthen an den Komponisten, der vor Leipzig am Hof zu Köthen engagiert war. Leipzig wiederum ehrt Anf. bis Mitte Sept. Felix Mendelssohn sowie Robert und Clara Schumann. Seekonzerte bezaubern die Besucher des Wörlitzer Gartenreichs im Juli und Aug., während in Ferropolis im Sommer bekannte Rock-Gruppen auftreten.
Historische Städtchen und Burgen bieten eine schöne Kulisse für **Ritter- und Mittelalterfeste,** wie sie beispielsweise auf Burg Gnandstein (Ende April/Anf. Mai), in Magdeburg (Mitte Mai) und in der Lutherstadt Eisleben (Anfang Juni) stattfinden. Luthers Hochzeit feiert Wittenberg in historischen Kostümen Mitte Juni. Das **Winzerfest** in Freyburg (mit Wahl der Weinkönigin) leitet im Sept. die Weinlese ein. Romantisch sind auch die vielerorts vor historischer Kulisse stattfindenden **Weihnachtsmärkte,** etwa in Leipzig und Halle.
Zeitgenössisches **Kulturschaffen** präsentieren Institutionen wie die Leipziger Buchmesse (April), das Internationale Figurentheater-Festival Blickwechsel in Magdeburg (www.blickwechselfestival.de; Ende Juni) und die euroscene Leipzig, ein Festival für zeitgenössisches Theater und innovativen Tanz (www.euro-scene.de; Anf. Nov.).

Freizeitparks

Der einzige richtige **Freizeitpark** ist Belantis im Leipziger Neuseenland (Belantis Vergnügungspark Leipzig, Zur Weißen Mark 1, 04249 Leipzig, www.belantis.de; Mitte April–Okt.). **Hochseilgärten** befinden sich beispielsweise bei Leipzig (Kletterwald Leipzig, Am Albrechtshainer See 1, 04683 Albrechtshain, Tel. 034293 442 00, www.kletterwald-leipzig.de) und Naumburg (Kletterwald Koala, Am Tennisplatz, 06618 Naumburg, Tel. 03445 674 95 49, www.kletterwald-koala.de).

Gesundheit

Besondere Gesundheitsrisiken bestehen in dieser Region nicht. Nur im Raum Leipzig und Halle treten vereinzelt durch Zecken übertragene FSME-Infektionen auf. Wer sich hier viel im Freien aufhalten möchte, sollte sich vorsorglich impfen lassen.

Öffnungszeiten

In Museen gelten im Winterhalbjahr meist kürzere Öffnungszeiten, in kleineren Orten bleiben Sammlungen oft ganz geschlossen. Auch einige Attraktionen wie der Freizeitpark Belantis sind im Winter geschlossen. Ausflugsfahrten auf den Flüssen finden in der kalten Jahreszeit nur eingeschränkt oder gar nicht statt.
Im Zuge der Vorbereitungen auf das **Lutherjahr 2017** werden viele Museen und historische Stätten der Reformation neu gestaltet oder renoviert und sind dann für einen kürzeren oder längeren Zeitraum nicht zugänglich. Auch die Öffnungszeiten können variieren, weil sie für das Jubiläum erweitert wurden. Gelegentlich kann es auch zu längeren Wartezeiten wegen großer Reisegruppen kommen.

Reisezeit

Ideale Reisezeiten für sportliche Aktivitäten wie auch Stadtbesichtigungen sind das späte Frühjahr und der Herbst mit milden Temperaturen. Im Hochsommer kann es vor allem in den flachen Regionen der Leipziger Tieflandbucht und der Magdeburger Börde sehr heiß werden. Im Winter senken aus Norden und Osten wehende, kalte Winde die niedrigen Temperaturen zusätzlich.

Restaurants

Das Angebot reicht von Restaurants mit gutbürgerlichen, regionalen Gerichten über internationale Spezialitätenrestaurants bis zu Gourmettempeln mit Sterneküche. Das Preisniveau liegt etwas unter dem westdeutschen. Die Infoseiten bieten eine kleine, subjektive Auswahl.

Preiskategorien

€ € €	Hauptgericht	über 20 €
€ €	Hauptgericht	12 – 20 €
€	Hauptgericht	unter 12 €

Schifffahrten

Ausflugsfahrten können auf Elbe, Saale und Unstrut unternommen werden. Von **Magdeburg** aus geht es beispielsweise mit Schiffen der Weißen Flotte zur Stadtrundfahrt oder zum Wasserstraßenkreuz (Petriförder 1, Tel. 0391 532 88 91, www.weisseflotte-magdeburg.de).

Info

Daten & Fakten

Verwaltung und Bevölkerung: Die in diesem DuMont Bildatlas vorgestellte Region zwischen Leipzig, Halle und Magdeburg gehört zu den Bundesländern Sachsen und Sachsen-Anhalt. Rund 2 Mio. Menschen leben hier, die meisten in den drei Großstädten. Auf dem Land ist die Bevölkerungsentwicklung rückläufig. Beide Bundesländer haben mit jeweils rund 3 % den geringsten Ausländeranteil in Deutschland.
Geografie und Landschaft: Landschaftlich ist die Region im Süden geprägt vom Flachland und großen Waldgebieten wie der Dübener Heide in der Leipziger Tieflandbucht, im Westen vom bewegten Saale-Unstrut-Tal mit seinen Weinterrassen und den Ausläufern des Harzes, im Osten von den Auenwäldern der Elbe und im Norden von der fruchtbaren Agrarlandschaft der Magdeburger Börde. Bedeutende Naturschutzgebiete sind die Dübener Heide nordöstl. von Leipzig, das Biosphärenreservat Mittlere Elbe bei Dessau-Roßlau und der Naturpark Saale-Unstrut-Triasland um Naumburg.
Wirtschaft: Wirtschaftlich war die Region zu DDR-Zeiten von landwirtschaftlichen Großbetrieben, industrieller Produktion (Chemie) und Braunkohle-Tagebau geprägt. Die umweltbelastenden chemischen Unternehmen und die meisten Tagebaubetriebe sind mittlerweile geschlossen und abgewickelt. Das Chemie-Dreieck Wolfen-Bitterfeld produziert heute in umweltschonenden Verfahren u. a. Pharmaprodukte und Spezialglas. Teile des Tagebaus um Leipzig wurden geflutet und in Freizeitlandschaften umgewandelt. Durch die Ansiedlung von Unternehmen wie BMW und DHL bei Leipzig und des Windenergieunternehmens Enercon bei Magdeburg wurden neue Arbeitsplätze geschaffen. Die Arbeitslosenquote ist mit 10,2 % (Sachsen-Anhalt) und 8,2 % (Sachsen) deutlich gesunken.

*Eine edle Variante vom Leip-
ziger Allerlei (ganz oben),
Wortwitz vor der Markt-
kirche in Halle (oben).*

Leipzigs Johannapark mit City-Hochhaus

Bad Kösen ist Ausgangspunkt für Saalefahr-
ten zur Rudelsburg (Tel. 034463 289 85, www.
saaleschifffahrt.com). Auf der Unstrut pendeln
Schiffe zwischen **Naumburg** und **Freyburg**
(Tel. 03445 20 28 30, www.froehliche-doerte.
com). An Elbe und Unstrut gibt es noch einige
Personen- bzw. Autofähren, so die Gier-
seilfähre am Blütengrund bei Naumburg über
die Unstrut (Tel. 03445 261 08 80, www.faehre
-bluetengrund.de) oder die Autofähren bei
Barby (www.stadt-barby.de), Aken (Tel. 034909
887 10) und Coswig (Tel. 034903 671 61) über
die Elbe. Nicht alle Fähren setzen das ganze
Jahr über; es ist deshalb ratsam, sich vorab zu
erkundigen, ob und zu welchen Zeiten der
Fährbetrieb erfolgt.

Souvenirs

Hübsche und zugleich nützliche Souvenirs sind
regionale kulinarische Produkte: Aus Halle
stammen beispielsweise zuckersüße **Hallo-
ren-Kugeln** und andere Pralinen der Halloren
Schokoladenfabrik.

Info

Geschichte

bis 2000 v. Chr.: Funde belegen die Entwicklung altsteinzeitlicher Jäger und Sammler zu
sesshaften Bauern.
um 1800 v. Chr.: Mit der Kenntnis der Kupfer-
verarbeitung beginnt die Bronzezeit. Die Himmelsscheibe von Nebra wird vergraben.
um 6. Jh. v. Chr.: Bestattungsriten und
Schmuckdekor lassen auf germanische Besiedelung schließen.
1. Jh. v. Chr.–1. Jh. n. Chr.: Römer dringen bis
zur Elbe vor, müssen sich aber wieder nach
Süddeutschland zurückziehen.
6./7. Jh.: Slawische Völker erreichen Gebiete
östlich von Elbe und Saale. Sorben gründen im
7. Jh. Lipzi, das spätere Leipzig.
8./9. Jh.: Karl der Große dehnt das Franken-
reich in die slawischen Regionen aus und för-
dert die christliche Mission.
10. Jh.: Nach dem Tod des Karolingers Konrad
wird der Sachsenherzog zum König Heinrich I.
gewählt. Sein Sohn Otto I., ab 962 auch Kaiser
des Heiligen Römischen Reiches (Deutscher
Nation), gründet 968 das Erzbistum Magdeburg.
11./12. Jh.: Aufstieg der Wettiner, die von
ihrer Stammburg Wettin bei Halle aus die Mark-
grafschaft Meißen erlangen. Otto der Reiche
verleiht Leipzig 1165 Stadtrechte.
13.–15. Jh.: Die Askanier treten die Nachfolge
Heinrichs des Löwen als Herzöge von Sachsen
an. Durch Erbteilungen entstehen die Herzog-
tümer Sachsen-Lauenburg und Sachsen-Wit-
tenberg. Im 15. Jh. gehen Herzog- und Kur-
würde Sachsen-Wittenbergs an die Wettiner
über. Leipzig entwickelt sich mit zunächst zwei,

schließlich dann drei jährlichen Messen zur
Handelsmetropole der Region.
1485: Die „Leipziger Teilung" regelt die territo-
riale Neuordnung Sachsens. Der Wettiner Kurfürst Albrecht übernimmt die östlichen Landes-
teile (heute etwa Sachsen und Sachsen-Anhalt).
16. Jh.: Reformation. Martin Luther (1483 bis
1546), lehrt an der 1502 gegründeten Universität Wittenberg und schlägt 1517 seine 95 Thesen an das Portal der dortigen Schlosskirche.
1546/1547: Der für Kaiser Karl V. erfolgreiche
Schmalkaldische Krieg gegen die protestantischen Reichsfürsten und Städte (Schmalkaldi-
scher Bund), um die Anerkennung des Protes-
tantismus zu verhindern, beeinträchtigt die
Region stark.
1618–1648: Dreißigjähriger Krieg. Magdeburg
wird 1631 durch kaiserliche Truppen nachhaltig
zerstört. 1632 fällt Gustav II. Adolf von Schweden als Führungspersönlichkeit der protestantischen Truppen bei Lützen südl. von Leipzig. Im
Westfälischen Frieden 1648 kommt das heutige
nördl. Sachsen-Anhalt mit Halle und Magdeburg
zu Brandenburg, der Süden zu Sachsen.
17. Jh.: Aufteilung der Grafschaft Anhalt in Her-
zogtümer (Bernburg, Dessau, Köthen, Zerbst).
18. Jh.: Das Königreich Preußen wird zur
beherrschenden Regionalmacht im Norden und
Osten, Magdeburg durch Leopold I. von Anhalt-Dessau zur mächtigsten preußischen Festung ausgebaut. Leopold III. von Anhalt-Dessau
lässt das Dessau-Wörlitzer Gartenreich anlegen.
1723: Johann Sebastian Bach wird Thomaskantor in Leipzig.

1806: Sachsen wird Königreich von Napoleons
Gnaden.
1813: In der Völkerschlacht bei Leipzig schlagen Preußen, Russland, Schweden und Öster-
reich die von Napoleon kommandierten Franzosen, Polen und Sachsen. 1815 bestimmt der
Wiener Kongress, dass der nördliche Teil des
Königreichs Sachsen preußische Provinz wird.
1918: Die Novemberrevolution schafft die Mo-
narchie ab und besiegelt das Ende des Herzog-
tums Anhalt (seit 1883) und des Königreichs
Sachsen.
1925: Walter Gropius' Bauhaus muss Weimar
verlassen und zieht nach Dessau.
1939–1945: Im Zweiten Weltkrieg erleiden
Magdeburg, Dessau und Leipzig schwere Bombardements und Zerstörungen.
1949–1990: Als Teil der DDR erlebt die Region
eine durchgreifende Industrialisierung; Tagebau und chemische Produktion zerstören die
Umwelt. Die Länder werden aufgelöst und in
Bezirke eingeteilt, Magdeburg, Halle und Leipzig werden Bezirkshauptstädte.
1990: Magdeburg wird Hauptstadt des neuen
Bundeslandes Sachsen-Anhalt, Dresden die
von Sachsen. Beitritt der beiden Länder zur
Bundesrepublik Deutschland.
2002: Jahrhunderthochwasser der Elbe und
ihrer Nebenflüsse, darunter die Mulde.
2014/16: Die Landtagswahlen in Sachsen 2014
bescheren dem Land eine Große Koalition aus
CDU und SPD. In Sachsen-Anhalt kann Minis-
terpräsident Reiner Haseloff (CDU) seit 2016
nur mit SPD und Grünen weiterregieren.

Hervorragendes **Salz** aus der Saline wird in dekorativen Stoffsäckchen im Salinenmuseum von Halle verkauft.

Aus der Saale-Unstrut-Region können sehr gut **Weine** mit nach Hause genommen werden. Die Lutherstädte Wittenberg und Eisleben bieten eine breite Palette von **Luther-Devotionalien** an, die von der Kaffeetasse mit Katharina von Bora-Aufdruck über einen Nachdruck der 95 Thesen bis zur Luther-Socke reicht. Nicht gerade billig, dafür aber naturgetreu, sind die Stofftiere der Kösener Plüschtierwelt, die man in der Erlebniswelt in Bad Kösen kaufen kann.

Sport

Fliegen: Rundflüge mit Sportmaschinen oder dem neunsitzigen Doppeldecker Antonov-2 starten vom Flughafen Dessau (Tel. 0340 61 97 51, www.dvv-dessau.de). Rundflüge über Leipzig, Halle, Dübener Heide und Wörlitzer Park oder über das ehem. Chemiedreieck Bitterfeld bietet die Flugschule Löffler am Flugplatz Halle-Oppin an (Tel. 0345 571 03 13, www.flugschule-loeffler.de).

Golf: Der grüne Sport wird in den neuen Bundesländern immer beliebter. Allein in und um Leipzig gibt es inzwischen drei Greens, darunter den besonders idyllisch gelegenen 18-Loch-Platz bei Schloss Machern (Tel. 034292 680 39, www. gcc-leipzig.de). Ähnlich reizvoll ist der 9-Loch-Platz Magdeburg in der Parkanlage des Herrenkrug (Tel. 0391 886 88 46, http:// golfclub-magdeburg.de). Das 9-Loch-Green auf dem ehem. Gelände der Junkers-Flugzeugwerke in Dessau bietet mit einer Vielzahl von Wasserhindernissen besondere Herausforderungen (Tel. 0340 502 56 64, www. golfpark -dessau.de).

Eine Auflistung und Beschreibung aller Golfplätze ist beispielsweise auf der Internetseite www.1golf.eu zu finden.

Klettern: Klettern in der Großstadt, an einem „Felsen" aus den abgetragenen Betonplatten einer DDR-Plattenbausiedlung – das kann man in Leipzig ausprobieren. Der 21 m hohe Felsen K4 in Leipzig-Grünau mit mehr als 30 Routen wird von der DAV-Sektion Leipzig betreut (K4, Sportplatz Stuttgarter Allee, zwischen Ratzelstraße, Stuttgarter Allee und Mannheimer Straße, Berechtigungskarten beim DAV Leipzig, Könneritzstr. 98a, 04229 Leipzig, Tel. 0341 477 31 38, www.dav-leipzig.de, oder beim Bergsportgeschäft »Guter Griff«, Angerstraße 57). Wer sein Geschick in einem ehemaligen Porphyr-Steinbruch testen möchte, findet nördlich von Halle am Aktienbruch Löbejün etwa 200 Routen mit vorwiegend Leistenklet-

terei an 40 m hohen Felsen. Voraussetzung ist die Mitgliedschaft im DAV oder bei der IG-Klettern Halle (http://ig-klettern-halle.de).

Rad fahren: Fernradwege wie der Elberadweg (Teilstrecke Magdeburg–Dessau–Wittenberg– Torgau; www.elberadweg.de), der Saaleradweg (Teilstrecke Bernburg–Halle–Merseburg–Naumburg; www.saaleradweg.de), der Elsterradweg (Teilstrecke Halle–Leipzig–Zeitz; www.elsterradweg.de) und Thementouren wie der Himmelsscheibenweg (s. S. 85; www.himmelswege.de) sind gut ausgebaut und markiert. Hotels und Pensionen haben sich mit Fahrradgaragen, Reparaturservice und Trockenräumen für feuchte Kleidung auf die Bedürfnisse der Fahrradfahrer eingestellt. Informationen über die verschiedenen Fernradwege bekommt man beim Allgemeinen deutschen Fahrradclub ADFC (www.adfc.de) oder auf den regionalen Webseiten www. sachsen-anhalt-tourismus.de bzw. www. sachsen-tourismus.de. Mountainbiker kommen im „Sächsischen Burgenland" auf ihre Kosten. Eine reizvolle Strecke führt beispielsweise durchs Muldental. Auch in den meisten Städten sind Radwege ausgewiesen; in Leipzig, Halle und Magdeburg bieten die Tourist-Informationen Stadtbesichtigungen per Rad an.

Reiten: Der Naturpark Dübener Heide und das Muldental sind beliebte Reitregionen. Informa-

Auf dem Leipziger Augustusplatz, auf dem am 9. Oktober 1989 zehntausende Demonstranten gegen die sozialistische Staatsgewalt „Wir sind das Volk!" riefen, herrscht heute zwischen Gewandhaus und Oper häufig beschauliche Ruhe.

tionen über Pferdehöfe und Reiterferien mit weiterführenden Links stehen auf der Internetseite www.www.naturfreunde-erleben.de (Sachsen-Anhalt) oder www.sachsen-mit-pferd.de.

Wandern und Pilgern: Gut markierte Wanderwege erschließen die Naturlandschaften und Parks, so das Dessau-Wörlitzer Gartenreich und den Naturpark Saale-Unstrut-Triasland. Auf den Spuren Martin Luthers führt der Lutherweg auf 410 km Länge zu den Wirkungsstätten des Reformators und anderen religiös bedeutsamen Orten durch Sachsen-Anhalt (www.lutherweg.de). Auch der Jakobsweg durchquert Sachsen-Anhalt und vereint sich bei Freyburg mit dem ökumenischen Pilgerweg aus Sachsen (s. S. 99; www.jakobusweg-sachsen-anhalt.de).

Wassersport: Ein traumhaftes Paradies für Wassersportler ist das Neuseenland, der geflutete Tagebau südlich von Leipzig, wo man auf den neu entstandenen Seen vom Windsurfen über Motorbootfahren bis hin zum Segeln alle möglichen sportlichen Aktivitäten ausprobieren kann.

Wasserwandern mit Kanu oder Boot ist auf den Flüssen Unstrut, Saale, Mulde und Elbe möglich; Routenbeschreibungen sind auf den Internetseiten der lokalen Tourismusverbände zu finden. In so gut wie allen an Flüssen gelegenen, touristischen Orten findet sich ein Bootsverleih. Besonders reizvoll sind Kanutouren durch Leipzig (s. S. 39).

Themenstraßen

Die **Straße der Romanik** führt zu berühmten wie zu weniger bekannten Bauwerken der Romanik in Sachsen-Anhalt. Die Südroute verläuft in einem großen Bogen von Magdeburg aus durch die in diesem Band beschriebene Region (www.strasse-der-romanik.net). Zwischen Lutherstadt Wittenberg, Wörlitz, Dessau und Bernburg sind Auto- bzw. Radfahrer auf einem Abschnitt der **Deutschen Alleenstraße** unterwegs (www.alleenstrasse.com). Die besten Winzer des Saale-Unstrut-Tals steuert die **Weinstraße Saale-Unstrut** (www.natuerlich-saale-unstrut.de) an. Mit der Broschüre „Luther erleben" können Interessierte

Preiskategorien

€ € €	Doppelzimmer	über 100 €
€ €	Doppelzimmer	100 – 150 €
€	Doppelzimmer	50 – 100 €

die **Schauplätze der Reformation** (erhältlich auf www.luther-erleben.de) erkunden.

Unterkunft

Hotels: Von der einfachen Pension bis zum Luxushotel reicht die Bandbreite. Originelle Übernachtungsmöglichkeiten für Wanderer und Fahrradfahrer sind die „Heuhotels", in denen man in einem Heuschober übernachtet. Auf den Internetseiten der Tourismusverbände finden Interessierte eine Übersicht über das ausgedehnte Angebot und meist auch Online-Buchungsmöglichkeiten. Die Infoseiten bieten jeweils eine kleine, subjektive Auswahl.

Jugendherbergen: Ein Verzeichnis der Häuser des DJV listen die Internetseiten www.djh-sachsen-anhalt.de bzw. www.djh-sachsen.de auf. Auf www.hostelworld.com und anderen Hostel-Buchungsplattformen sind zahlreiche privat geführte Hostels zu finden.

Camping: Auflistung und Beschreibung der zahlreichen Plätze enthalten die Internetseiten der Tourismusverbände. Der Verband der Camping- und Freizeitwirtschaft Sachsen Anhalt stellt seine Mitglieder unter www.camping-verband.de vor (Alemannstraße 12, 39106 Magdeburg, Tel. 0391 56 39 01 00).

Burg Mildenstein, hoch über der Freiburger Mulde ist nur eine von vielen schönen Burganlagen im südlichen Sachsen.